상명대학교 한일문화연구소 번역총서 03

고등소학독본 3

일러두기

1. 이 책은 문부성(文部省) 총무국(総務局) 도서과(図書課) 소장판『고등소학독본(高等小學讀本)』(1888, 문부성)을 완역한 것이다. 단, 누락된 페이지의 경우에는 문부성 편집국(編集局) 소장판을 저본으로 하였다.
2. 연구 자료로서의 가치를 높이기 위해 한국어 완역과 원문을 함께 실었다.
3. 국립국어원의 한글맞춤법과 외래어 표기법에 따랐다.
4. 일본어 문말 어미가 통일되어 있지 않은 경우, 문체의 일관성을 위해 한국어 번역에서는 통일했다.
5. 일본의 인명, 지명, 서적명 등은 일본식 음독과 원서의 표기를 따랐으나 이미 한국 내에서 통용중인 용어는 한국식 표기를 따랐다.
   예) 도쿄東京, 아시아亜細亜州, 오사카성大坂城
6. 중국의 인명, 지명, 서적명 등은 한국식 음독으로 표기했다.
7. 자연스러운 한국어역을 위해 원문에 없는 문장부호를 사용하였다.
8. 한자표기는 원문에 따랐다.
9. 낙자, 오식 등은 교정하여 번역하였다.
10. 서명은『 』, 글의 제목은「 」로 표시했다.
11. 연호는 서기연도연호로 표기하였다.
12. 지명과 인명의 초출 한자는 매 과마다 한 번씩 제시했다. 일반 어휘 중에서는 일본어 한자표기가 한국어 번역어와 차이가 있는 경우, 번역어라도 독자의 이해를 위한 경우에는 한자어를 병기했다.
13. 원문의 매 과 말미에 제시되는 난독 한자와 어휘의 주해는 본문 안에 *로 표기하였으나 해설과 단어가 같은 경우에는 해설을 생략하였다.
14. 도량형은 원문대로 명기한 후 현대의 도량법으로 환산하였다.
    예) 5~6정町(545~654m)

상명대학교 한일문화연구소 번역총서 03

高等小學讀本 3

권희주 편역

경진출판

일본 문부성 『고등소학독본』

　근대 일본은 메이지시대에 급격한 교육제도의 변화를 겪는다. 1872년 프랑스의 학구제를 모방해 지역을 나누어 교육기관을 설치하는 '학제(學制)'가 공포되자 적절한 교과서의 편찬은 급선무가 되었다. 당시에는 1860년대 미국의 초등교육 교재인 『Willson's Reader』를 번역하여[1] 교과서로 발행하는 등 서구의 교과서를 번역 출간하는 데 힘을 기울였고 당시의 지식인들에게도 서구의 지리나 근대과학을 소개하는 것이 계몽운동의 중요한 일 중 하나였기에 급속도로 번역교과서가 발행되었다. 그러나 1879년에 '학제'가 폐지되고 '교육령(敎育令)'이 공포되면서 교과서는 새로운 전기를 맞이한다. 문부성의 관리이자 이와쿠라(岩倉) 사절단의 일원인 다나카 후지마로(田中不二麿呂)가 미국을 다녀온 뒤 교육의 권한을 지방으로 위탁해야 한다고 주장한 것이다. 이에 '교육령' 공포로 인해 지방의 교육 권한이 대폭 강화되었다. 아직 성숙한 교육시스템이 정착되지 않았던

---

1) 한국의 『Willson's Reader』와 연관한 선행연구로는 『국민소학독본』의 과학사적 내용을 비교, 검토한 연구가 있다(박종석·김수정(2013), 「1895년에 발간된 『국민소학독본』의 과학교육사적 의의」, 『한국과학교육학회지』 33호). 1895년 5월 1일 외부대신 김윤식이 주일공사관 사무서리 한영원에게 일본의 심상사범학교와 고등사범학교의 교과서를 구득하여 보낼 것(舊韓國外交文書 3 日案 3623號 高宗 32年 5月 1日)을 지시한 것으로 미루어보아 Willson's Reader를 참고한 일본의 『고등소학독본』을 그 저본으로 삼은 것을 알 수 있다.

일본에서 오히려 이 교육령으로 인해 학제가 구축해놓은 질서가 붕괴되자 많은 비난이 일었다. 그러자 그 1년 뒤인 1880년 '개정교육령'이 공포되고, 그 해 3월에 문부성이 편집국을 설치하고 교과서로 부적당하다고 판단되는 것은 부현(府県)에 통지하여 사용을 금지했다. 1883년에는 교과서 인가제도가 시행되어 문부성의 인가를 얻어야만 교과서로 사용할 수 있게 되었다. 1885년에는 초대 문부대신 모리 아리노리(森有礼)가 취임하여 1886년 3월 제국대학령(帝國大學令), 4월 사범학교령(師範學校令), 소학교령(小學校令), 중학교령(中學校令)을 연이어 공포함으로써 근대학교제도의 기반을 확립했으며, 1887년부터 '교과용도서 검정규칙(教科用圖書檢定規則)'[2]을 시행함으로써 교과서의 검정제도가 시작되기에 이른다.

1886년에 제1차 소학교령[3] 공포로 소학교를 심상소학교(尋常小學校)와 고등소학교(高等小學校)의 두 단계로 하여 각각 4년씩 총 8년의 초등교육을 시행하게 된다. 이 시기에 문부성에서 발간한 3가지 독본이 『독서입문(読書入門)』(1권), 『심상소학독본(尋常小學読本)』(7권), 『고등소학독본(高等小学読本)』(8권 예정, 7권 편찬)이다. 다른 교과서는 공모를 통해 출간하는 경우도 있었으나 이 세 독본은 문부성에서 직접 발간했는데, 이는 검정 시기 민간 교과서에 하나의 표준을 보여주기 위해 편찬한 것으로 독본의 출판을 통해 교과서의 개선을 도모하려고 한 것을 알 수 있다.

---

2) 1887년 5월 7일 관보를 살펴보면 검정규칙의 취지는 교과용 도서로 사용하는데 폐해가 없다는 것을 증명하는 데 있으며 문부성에서 교과용 도서에 대한 허가를 반드시 받아야 함을 명시하고 있다(第1條 教科用圖書ノ檢定ハ止タ圖書ノ教科用タルニ弊害ナキコトヲ證明スルヲ旨トシ其教科用上ノ優劣ヲ問ハサルモノトス).

3) 1886년 4월 10일 관보(官報)의 '소학교령'을 살펴보면 제1조에 심상소학, 고등소학 2단계 설치를 명시하고 있다(第1條 小學校ヲ分チテ高等尋常ノ二等トス). 그 이전에는 1881년 '소학교교칙강령(小學校教則綱領)'에 의해 초등, 중등, 고등의 3단계 교육을 실시하였다(第1條 小學科を分て初等中等高等の三等とす).

1888년에 일본 문부성에서 펴낸 『고등소학독본』은 1887년에 간행된 『심상소학독본』의 학습을 마친 뒤 연계하여 교육하는 교과서로 당초 총 8권을 발행할 예정이었으나, 1890년 10월 제2차 '소학교령(小学校令)'4)의 개정과 '교육칙어(教育勅語)'5)의 공포로 인해 편집방침이 바뀌면서 1889년 10월 제7권의 간행을 마지막으로 중단되었다.6) 여기에는 '소학교의 학과 및 그 정도(小學校ノ學科及其程度)'7)에 따라 소학교 교과서에 이과(理科) 과목이 새롭게 실렸다. 또한, 검정제도를 구체화한 법규들이 공포된 뒤에 간행된 교과서로, 서양의 실용주의적 학문을 받아들이려 했던 당시의 교육 근대화 및 교육사를 연구하는 데 매우 중요하다고 할 수 있다.

〈표 1〉 『고등소학독본』 편찬 시기 주요 사항

날짜	교육 관련 법규
1879년	'학제' 폐지, '교육령' 공포
1880년	'개정교육령' 공포
1880년 3월	문부성 편집국 설치, 교과서 편찬 착수
1881년	소학교교칙강령
1883년	문부성 교과서 인가제도

---

4) 소학교의 교육 목적을 아동신체의 발달에 유의하여 도덕교육 및 국민 교육의 기초 그리고 그 생활에 필수가 되는 지식, 기능의 전수를 취지로 삼았으며, 의무교육인 심상소학교의 수업연한을 3년 또는 4년으로 했다. 고등소학교의 수업연한을 2~4년으로 했다.

5) '교육에 관한 칙어(교육칙어)'는 1890년 10월 30일 궁중에서 메이지(明治)천황이 야마가타 아리토모(山縣有朋) 내각총리대신과 요시카와 아키마사(芳川顯正) 문부대신에게 내린 칙어이다. 이는 메이지유신 이후 일본제국에서 수신, 도덕교육의 근본규범이 되었다.

6) 『고등소학독본』 서언에 '이 책은 본국(本局)에서 편찬한 심상소학독본에 이어 고등소학과 1학년 초부터 4학년 말까지의 아동들에게 독서를 가르칠 용도로 제공하기 위해 편찬한 것으로 모두 8권으로 이루어져있다.'라 명시하고 있다.

7) 수신, 독서, 작문, 습자, 지리, 역사, 이과의 학습 내용 및 학습 정도를 명기하고 있는데 그 이전에 공포되었던 '소학교교칙강령'과 비교해보면 이 중 이과는 신설된 것으로 그 이전까지는 물리, 화학, 박물, 생리로 나뉘어 있었다.

날짜	교육 관련 법규
1885년	모리 아리노리 초대 문부대신 취임
1886년	교과서 검정제도
1886년 4월	소학교령(1차)
1886년 5월	'교과용도서검정조례', '소학교 학과 및 그 정도'
1887년 3월	공사립소학교 교과용도서 선정방법
1887년 5월	교과용도서검정규칙
1887년	『심상소학독본』 편찬
1888년	『고등소학독본』 편찬
1889년	'대일본제국헌법' 발포
1890년	소학교령(2차)

『고등소학독본』은 일본의 고등소학교용 국어독본이다. 고등소학 (高等小學)은 1886년부터 1941년까지 설치된 교육기관으로 심상소 학교(尋常小学校)를 졸업한 사람이 다녔던 학교 기관이다. 오늘날의 학제로 말하자면 초등학교 고학년에서 중학교에 해당되는 것이라 할 수 있다. 『고등소학독본』은 『심상소학독본』에 비해 수준이 높은 문장으로 쓰여 있으며 문어체 문장이 주류를 이룬다.[8] 표기는 대부 분 한자와 가타가나(カタカナ)이며, 한시는 한문으로, 운문은 히라가 나(平仮名)로 표기했다. 인쇄도 근대적인 명조체의 활자체로 통일되 어 있다. 총7권으로, 다음 〈표 2~8〉[9]과 같이 1권 37과, 2권 34과, 3권 36과, 4권 35과, 5권 37과, 6권 36과, 7권 36과로 총7권 251개과

---

8) 1886년 5월 제정 '소학교의 학과 및 그 정도' 제10조 '독서' 규정에 '심상소학과에서는 가나, 가나 단어, 단구(短句), 간소한 한자가 혼용된 단구 및 지리·역사·이과의 사항을 넣은 한자혼용문, 고등소학과에서는 다소 이것보다 높은 수준의 한자혼용문'으로 되어 있다(『官報』, 1886년 5월 25일, 1면).

9) 제재 분류는 가이 유이치로(甲斐雄一郎, 2006), 「제1기 국정국어교과서 편찬방침의 결 정방침에 관한 조사연구(第一期国定国語教科書の編集方針の決定過程についての調査 研究)」의 분류에 따라 지리교재(일본지리, 외국지리), 역사교재(고대, 중세, 근세, 근 대), 이과교재(식물, 동물, 광석, 생리, 자연·천문, 물리), 실업교과 교재(농업, 상업, 공 업, 무역), 국민교과 교재(황실, 군사, 제도 등), 기타(수신, 설화, 자연)로 나누어 작성하 였다.

로 구성되어 있다.

〈표 2〉『고등소학독본』권1 단원 구성

단원	단원명(원제)	단원명(한국어 번역)	제재
1	吾国	우리나라	지리(일본)
2	知識ヲ得ルノ方法	지식을 얻는 방법	기타(수신)
3	子鹿ノ話	아기사슴 이야기	기타(수신)
4	都会	도회	지리(일본)
5	東京	도쿄	지리(일본)
6	兄ノ親切	오빠의 친절	이과(식물)
7	吾家	우리집	기타(수신)
8	日本古代ノ略説	일본 고대의 개요	역사(일본고대)
9	京都	교토	지리(일본)
10	日本武尊ノ武勇	야마토 다케루노미코토의 용맹	역사(일본고대)
11	一滴水ノ話	한방울의 물 이야기	이과(자연)
12	闇の板戸	침실의 널문	기타(수신)
13	日本武尊ノ東夷征伐	야마토 타케루노미코토의 오랑캐 정벌	역사(일본고대)
14	木炭	목탄	실업
15	大江某ノ話	오오에 아무개의 이야기	기타(수신)
16	商売及交易	상업 및 교역	국민
17	大阪	오사카	지리(일본)
18	上古ノ人民一	상고시대 사람들1	역사(일본고대)
19	上古ノ人民二	상고시대 사람들2	역사(일본고대)
20	栄行ク御代	번영해가는 천황의 치세	기타(수신)
21	雞ノ話	닭 이야기	이과(동물)
22	海岸	해안	지리
23	横濱	요코하마	지리(일본)
24	菜豆	까치콩	이과(식물)
25	三韓ノ降服	삼한의 항복	역사(일본고대)
26	時計	시계	이과(물리)
27	犬ノ話	개 이야기	이과(동물)
28	雲ト雨トノ話	구름과 비의 이야기	이과(자연)
29	雲	구름	기타(자연)
30	文學ノ渡来	문학의 도래	역사(일본고대)

단원	단원명(원제)	단원명(한국어 번역)	제재
31	海中ノ花園	바다 속 화원	이과(동물)
32	長崎一	나가사키1	지리(일본)
33	長崎二	나가사키2	지리(일본)
34	長崎三	나가사키3	지리(일본)
35	書籍	서적	기타(수신)
36	茶ノ話	차 이야기	이과(식물)
37	手ノ働	손의 기능	이과(생리)

〈표 3〉『고등소학독본』권2 단원 구성

단원	단원명(원제)	단원명(한국어 번역)	제재
1	皇統一系	황통일계	국민
2	神器國旗	신기와 국기	국민
3	兵庫神戶	효고와 고베	지리(일본)
4	火ノ話	불 이야기	이과(물리)
5	佛法ノ渡来	불법의 도래	역사(일본고대)
6	猫ノ話	고양이 이야기	이과(동물)
7	怨ニ報ユルニ德キ以テス	원수를 덕으로 갚다	기타(수신)
8	新潟	니가타	지리(일본)
9	氷ノ話	얼음이야기	이과(물리)
10	藤原氏一	후지하라 가문1	역사(일본고대)
11	藤原氏二	후지하라 가문2	역사(일본고대)
12	虎ノ話	호랑이 이야기	이과(동물)
13	上毛野形名ノ妻	감즈케누노 가타나의 아내	역사(일본고대)
14	函館	하코다테	지리(일본)
15	木綿	목면	이과(식물)
16	後三條天皇	고산조 천황	역사
17	狼ノ話	늑대 이야기	이과(동물)
18	金澤 金沢	가나자와	지리(일본)
19	砂糖ノ製造	설탕의 제조	실업
20	根ノ話	뿌리 이야기	이과(식물)
21	遣唐使	견당사	역사(일본고대)
22	山ト河トノ話	산과 강 이야기	기타(수신)
23	象ノ話一	코끼리 이야기1	이과(동물)

단원	단원명(원제)	단원명(한국어 번역)	제재
24	象ノ話二	코끼리 이야기2	이과(동물)
25	名古屋	나고야	지리(일본)
26	植物ノ增殖 增殖	식물의 증식	이과(식물)
27	恩義ヲ知リタル罪人	은혜와 신의를 아는 죄인	기타(설화)
28	留學生	유학생	역사(일본고대)
29	仙臺 仙台	센다이	지리(일본)
30	葉ノ形狀	잎의 형상	이과(식물)
31	僧空海ノ傳	승려 구카이 전	역사(일본고대)
32	ニツノ息一	두 가지 숨1	이과(생리)
33	ニツノ息二	두 가지 숨2	이과(생리)
34	奇妙ナ菌	기묘한 버섯	이과(식물)

〈표 4〉『고등소학독본』권3 단원 구성

단원	단원명(원제)	단원명(한국어 번역)	제재
1	親切ノ返報	친절에 대한 보답	기타(설화)
2	中世ノ風俗一	중세의 풍속1	역사(일본중세)
3	中世ノ風俗二	중세의 풍속2	역사(일본중세)
4	獅子	사자	이과(동물)
5	植物ノ變化	식물의 변화	이과(식물)
6	保元平治ノ亂	호겐의 난, 헤이지의 난	역사(일본중세)
7	古代ノ戰爭一	고대의 전쟁1	역사(일본중세)
8	古代ノ戰爭二	고대의 전쟁2	역사(일본중세)
9	太平ノ曲	태평곡	국민
10	鯨獵	고래잡이	이과(동물)
11	廣島	히로시마	지리(일본)
12	鹿谷ノ軍評定	시카타니의 군 작전회의	역사(일본중세)
13	空氣	공기	이과(물리)
14	植物ノ睡眠	식물의 수면	이과(식물)
15	源賴政兵ヲ起ス	미나모토노 요리마사의 거병	역사(일본중세)
16	渡邊競ノ話	와타나베 기오의 이야기	역사(일본중세)
17	水ノ作用	물의 작용	이과(물리)
18	和歌山	와카야마	지리(일본)
19	駱駝	낙타	이과(동물)

단원	단원명(원제)	단원명(한국어 번역)	제재
20	陶器ノ製法	도기의 제조법	실업
21	源頼朝ノ傳一	미나모토노 요리토모 전1	역사(일본중세)
22	源頼朝ノ傳二	미나모토노 요리토모 전2	역사(일본중세)
23	頼朝ヲ論ズ	요리토모를 논하다	역사(일본중세)
24	花ノ形狀	꽃의 형상	이과(식물)
25	鹿兒島	가고시마	지리(일본)
26	鳥ノ話	새 이야기	이과(동물)
27	兵權武門二歸ス	병권이 무가로 돌아오다	역사(일본중세)
28	鎌倉時代ノ概說一	가마쿠라시대 개설1	역사(일본중세)
29	鎌倉時代ノ概說二	가마쿠라시대 개설2	역사(일본중세)
30	果實ノ話	과실 이야기	이과(식물)
31	駝鳥	타조	이과(동물)
32	老農ノ談話	늙은 농부의 말	기타(수신)
33	小枝	잔가지	기타(수신)
34	氣管及食道	기관 및 식도	이과(생리)
35	風船ノ話	기구 이야기	이과(물리)
36	仲國勅使トシテ小督局ヲ訪フ	나카쿠니가 칙사로서 고고노 쓰보네를 방문하다	역사(일본중세)

〈표 5〉『고등소학독본』권4 단원 구성

단원	단원명(원제)	단원명(한국어 번역)	제재
1	狩野元信ノ話	가노 모토노부 이야기	기타(수신)
2	勉强	공부	기타(수신)
3	勸學の歌	권학의 노래	기타(수신)
4	北條泰時ノ傳一	호조 야스토키 전1	역사(일본중세)
5	北條泰時ノ傳二	호조 야스토키 전2	역사(일본중세)
6	氣候ノ話	기후 이야기	이과(자연)
7	條約國	조약국	지리(세계)
8	北京	베이징	지리(세계)
9	鰐魚	악어	이과(동물)
10	知識ノ話	지식 이야기	기타(수신)
11	時賴ノ行脚	도키요리의 행각	역사(일본중세)
12	亞米利加發見一	아메리카 발견1	지리(세계)

단원	단원명(원제)	단원명(한국어 번역)	제재
13	亞米利加發見二	아메리카 발견2	지리(세계)
14	海狸	비버	이과(동물)
15	寒暖計	온도계	이과(물리)
16	桑方西斯哥	샌프란시스코	지리(세계)
17	油ノ種類	기름의 종류	이과(식물)
18	蒙古來寇	몽골 침입	역사(일본중세)
19	蒙古來	몽골군이 오다	역사(일본중세)
20	風ノ原因一	바람의 원인1	이과(자연)
21	風ノ原因二	바람의 원인2	이과(자연)
22	通氣	통기	이과(생리)
23	漆ノ話	옻 이야기	실업
24	大塔宮	다이토노미야	역사(일본중세)
25	節儉	검약	기타(수신)
26	泳氣鐘	영기종	이과(물리)
27	楠正成ノ忠戰	구스노키 마사시게의 충전	역사(일본중세)
28	皇國の民	황국의 백성	국민
29	紐約克	뉴욕	지리(세계)
30	北條氏ノ滅亡	호조가문의 멸망	역사(일본중세)
31	安東聖秀ノ義氣	안도 세이슈의 의기	역사(일본중세)
32	動物ノ天性	동물의 천성	이과(동물)
33	楠正成ノ遺誡	구스노키 마사시게의 유훈	역사(일본중세)
34	俊基關東下向	도시모토 관동 하향	역사(일본중세)
35	佐野天德寺琵琶ヲ聽ク	사노의 덴토쿠지가 비파를 듣다	역사(일본중세)
36	一塊ノ石	한 덩어리의 돌	이과(광물)

〈표 6〉『고등소학독본』권5 단원 구성

단원	단원명(원제)	단원명(한국어 번역)	제재
1	貨幣ノ必要	화폐의 필요	국민
2	貨幣ヲ論ズ	화폐를 논하다	국민
3	殊勝ナル小童ノ成長シテ殊勝ナル人ト爲リタル話一	뛰어난 아이가 성장해서 뛰어난 사람이 된 이야기1	기타(설화)
4	殊勝ナル小童ノ成長シテ殊勝ナル人ト爲リタル話二	뛰어난 아이가 성장해서 뛰어난 사람이 된 이야기2	기타(설화)

단원	단원명(원제)	단원명(한국어 번역)	제재
5	足利時代ノ概説一	아시카가(무로마치)시대 개론1	역사(일본중세)
6	足利時代ノ概説二	아시카가(무로마치)시대 개론2	역사(일본중세)
7	足利時代ノ概説三	아시카가(무로마치)시대 개론3	역사(일본중세)
8	コルクノ話	코르크 이야기	이과(식물)
9	波士敦	보스턴	지리(세계)
10	槓杆	지렛대	이과(물리)
11	苦學ノ結果一	고학의 결과1	기타(설화)
12	苦學ノ結果二	고학의 결과2	기타(설화)
13	潮汐	조석	이과(자연)
14	蜂房	벌집	이과(동물)
15	吸子	흡착기	이과(물리)
16	武人割據	무인 할거	역사(일본중세)
17	咏史二首	영사(詠史) 2수	역사(일본중세)
18	費拉特費	필라델피아	지리(세계)
19	子ヲ奪ハレタル話	아이를 빼앗긴 이야기	기타(설화)
20	貨幣ノ商品タルベキ價格	상품의 적절한 화폐가격	국민
21	貨幣鑄造	화폐주조	국민
22	武田信玄	다케다 신겐	역사(일본중세)
23	貧人及富人一	가난한 사람과 부자1	기타(수신)
24	貧人及富人二	가난한 사람과 부자2	기타(수신)
25	日月ノ蝕	일식과 월식	이과(자연)
26	ポンプ	펌프	이과(물리)
27	上杉謙信	우에즈키 겐신	역사(일본중세)
28	咏史二首頼襄	영사 2수	역사(일본중세)
29	合衆國ノ鑛業	합중국의 광업	지리(세계)
30	貨幣ハ勤勞ヲ交換スル媒介ナリ	화폐는 근로를 교환하는 매개	국민
31	元素	원소	이과(물리)
32	毛利元就	모리 모토나리	역사(일본중세)
33	瓦斯	가스	이과(물리)
34	時間ヲ守ル可シ	시간을 지켜야한다	기타(수신)
35	目ノ話	눈 이야기	이과(생리)

〈표 7〉『고등소학독본』권6 단원 구성

단원	단원명(원제)	단원명(한국어 번역)	제재
1	家僕ノ忠愛	하인의 충정	기타(설화)
2	洋流	해류	이과(자연)
3	織田豊臣時代ノ概說一	오다·도요토미시대 개설1	역사(일본중세)
4	織田豊臣時代ノ概說二	오다·도요토미시대 개설2	역사(일본중세)
5	織田豊臣時代ノ概說三	오다·도요토미시대 개설3	역사(일본중세)
6	資本	자본	국민
7	熱	열	이과(물리)
8	倫敦 ロンドン	런던	지리(세계)
9	豊臣秀吉ノ傳一	도요토미 히데요시 전1	역사(일본중세)
10	豊臣秀吉ノ傳二	도요토미 히데요시 전2	역사(일본중세)
11	秀吉ヲ論ズ	히데요시를 논하다	역사(일본중세)
12	挈鞋奴	신발 신겨주는 노비	역사(일본중세)
13	蒸氣機關	증기기관	이과(물리)
14	ステブンソンノ傳一	스티븐슨 전1	역사(세계사)
15	ステブンソンノ傳二	스티븐슨 전2	역사(세계사)
16	價ノ高低	가치의 높고 낮음	국민
17	英吉利ノ商業一	영국의 상업1	지리(세계)
18	英吉利ノ商業二	영국의 상업2	지리(세계)
19	關原ノ戰一	세키가하라 전투1	역사(일본중세)
20	關原ノ戰二	세키가하라 전투2	역사(일본중세)
21	巴黎	파리	지리(세계)
22	德川家康ノ傳一	도쿠가와 이에야스 전1	역사(일본근세)
23	德川家康ノ傳二	도쿠가와 이에야스 전2	역사(일본근세)
24	德川家康ノ行狀	도쿠가와 이에야스의 행적	역사(일본근세)
25	佛蘭西ノ工業	프랑스의 공업	지리(세계)
26	電氣	전기	이과(물리)
27	電光	번갯불	이과(자연)
28	フランクリンノ傳	프랭클린 전	역사(세계사)
29	職業ノ選擇	직업의 선택	국민
30	石田三成ノ傳	이시다 미쓰나리 전	역사(일본중세)
31	伯林	베를린	지리(세계)
32	光線ノ屈折	광선의 굴절	이과(물리)
33	儉約ノ戒	검약의 훈계	기타(수신)

단원	단원명(원제)	단원명(한국어 번역)	제재
34	林羅山ノ傳	하야시 라잔 전	역사(일본근세)
35	太陽系	태양계	이과(천문)
36	理學上ノ昔話	이학의 옛이야기	이과(물리)
37	日射力及其事業	태양열과 그 사업	이과(자연)

〈표 8〉『고등소학독본』권7 단원 구성

단원	단원명(원제)	단원명(한국어 번역)	제재
1	天然ノ利源	천연 이원	국민
2	德川氏ノ政治一	도쿠가와가문의 정치1	역사(일본근세)
3	德川氏ノ政治二	도쿠가와가문의 정치2	역사(일본근세)
4	月ノ話	달 이야기	이과(천문)
5	耶蘇敎ノ禁	예수교의 금지	역사(일본근세)
6	維也納	빈	지리(세계)
7	顯微鏡	현미경	이과(물리)
8	德川光圀ノ傳	도쿠가와 미쓰쿠니 전	역사(일본근세)
9	恆星ノ話	항성 이야기	이과(천문)
10	望遠鏡	망원경	이과(물리)
11	熊澤蕃山ノ傳	구마자와 반잔 전	역사(일본근세)
12	羅馬一	로마1	지리(세계)
13	羅馬二	로마2	지리(세계)
14	德川時代ノ風俗一	도쿠가와시대의 풍속1	역사(일본근세)
15	德川時代ノ風俗二	도쿠가와시대의 풍속2	역사(일본근세)
16	新井白石ノ傳	아라이 하쿠세키 전	역사(일본근세)
17	洋學興隆	양학의 융성	역사(일본근세)
18	聖彼得堡一	페테르부르크1	지리(세계)
19	聖彼得堡二	페테르부르크2	지리(세계)
20	流星ノ話	유성 이야기	이과(천문)
21	萬物ノ元素	만물의 원소	이과(물리)
22	世界ノ周航一	세계 항해 1	지리(세계)
23	世界ノ周航二	세계 항해 2	지리(세계)
24	外國交通一	외국과의 교역1	역사(일본근세)
25	外國交通二	외국과의 교역2	역사(일본근세)
26	伊能忠敬ノ傳一	이노 다다타카 전1	역사(일본근세)

단원	단원명(원제)	단원명(한국어 번역)	제재
27	伊能忠敬ノ傳二	이노 다다타카 전2	역사(일본근세)
28	世界ノ周航續一	세계 항해 속편1	지리(세계)
29	世界ノ周航續二	세계 항해 속편2	지리(세계)
30	佐藤信淵ノ傳	사토 노비히로 전	역사(일본근세)
31	貧困ノ原因	빈곤의 원인	기타(수신)
32	彗星ノ話	혜성 이야기	이과(천문)
33	明治時代文武ノ隆盛	메이지시대 문무의 융성	역사(일본근대)
34	酒ヲ節スベシ	술을 절제해야 한다	이과(생리)
35	近世ノ文明一	근세의 문명1	역사(일본근대)
36	近世ノ文明二	근세의 문명2	역사(일본근대)

『고등소학독본』의 편집 방침은 크게 두 가지로 나눌 수 있다. 첫 번째는 '순차적인 학습'이며, 두 번째로는 '국가주의'적 교육방침이다. 『고등소학독본』의 편집책임자인 이사와 슈지(伊沢修二)[10]는 문부성의 교과서 편집국장으로 자신의 교육 철학을 여러 권 출간하기도 하였는데, 1875년에 발간된 『교육진법(教授真法)』[11] 제3장 '학과의 순서'에서 순차적인 학습을 강조하며 "교사인 자는 먼저 유생(幼生)의 교육에 자연의 순서가 있다는 것을 아는 것이 중요하다. 만일 그 순서를 잘못하여 해가 생길 때에는 그에 대한 책망을 받아야할 것이다"[12]라고 언급하고 있다. 『고등소학독본』 서문에도 '이 책을

---

10) 1851~1917. 일본의 교육자. 문부성에 출사한 뒤 1875년 미국으로 유학을 가 음악, 이화학, 지질연구 등 다양한 학문을 공부하였다. 모리 아리노리가 문부대신이 된 이후에는 교과서 편찬에 몰두하여 국가주의적 교육의 실시를 주장하는 한편 진화론을 일본에 소개하는 등 다방면에서 활약하였다. 또한 타이완에서 일본어 교재를 출판하는 등 식민지 언어교육에도 관여하였다. 대표 저서로는 『学校管理法』(白梅書屋, 1882), 『教育学』(丸善商社, 1883) 등이 있다.

11) 1875년에 David Perkins Page의 저작을 편역해 출간된 것으로, 제3장 '학과의 순서'는 제1절 실물과, 제2절 독법, 제3절 미술, 제4절 지리학, 제5절 역사학, 제6절 습자, 제7절 작문, 제8절 생리학으로 구성되어 있고 교수요령 뒤에 질문과 답을 제시해 실제 교육현장에 적용할 수 있도록 배려한 선구적인 교육서라고 할 수 있다.

12) 太闢·百爾金士·白日(ダビッド·ペルキンス·ページ) 저, 伊沢修二 편역(1875), 『教授真

학습하는 아동은 지식이 점차 발달하게 되므로 그 제재도 이에 따라 고상(高尚)한 사항을 선택해야만 한다. 또한 언어, 문장을 가르치는 목적은 제반 학술, 공예의 단서를 여는데 있으며, 그 제재가 점차 복잡해지는 것은 자연스런 순서이다. 고로 이 책 안에는 수신, 지리, 역사, 이과 및 농공상의 상식에 필요한 사항 등을 그 주제의 난이도에 따라 번갈아 제시하였다'라고 되어 있다. 실제로 〈표 2~8〉에서 나타나듯이 3권 이후에는 『겐페이세이스이키(源平盛衰記)』,[13] 『슨다이자쓰와(駿台雜話)』,[14] 『태평기(太平記)』[15] 등의 고전을 제재로 한 단원을 싣는 등 난이도가 높아지고 있다.

이사와 슈지는 『고등소학독본』을 출간한 뒤 국민교육사(國民教育社)[16]를 설립하여 사장에 취임하고 '국가주의'적인 교육방침을 전면에 내세워 '교육칙어'의 보급과 수신교과서의 편찬에도 앞장섰다. 이러한 그의 교육사상은 이미 『고등소학독본』에 잘 드러난다고 할 수 있다.

만세일계(萬世一系)의 천황(天子)이 이를 잘 다스리셔 2천년 남짓 이어져오는 나라는 우리나라 밖에 없다. 우리들은 이러한 나라에 태어났으며 그리하여 오늘날 만국과 부강을 견줄 시기에 들어섰다. 따라서 이

法』卷之一, 25쪽.

13) 가마쿠라시대에 만들어졌으며, 1161년부터 1183년까지 20여 년간의 미나모토 가문(源氏)·다이라 가문(平家)의 성쇠흥망을 백수십 항목, 48권에 걸쳐 자세히 다룬 전쟁에 관한 이야기(軍記物語)이다.

14) 에도시대 중기의 수필집. 5권. 1732년 성립되었으며 제자들과 무사도를 고취하기 위해 나눈 이야기를 수록한 것이다.

15) 작자와 성립 시기 미상. 남북조 시대의 전쟁에 관한 이야기(軍記物語)로 전 40권으로 이루어졌다.

16) 1890년 5월에 설립한 단체로 '충군애국의 원기를 양성, 알리기 위한 것'(국가교육사요령 1항)을 목적으로 했다. 山本和行(2008), 「台湾総督府学務部の人的構成について: 国家教育社との関係に着目して」, 『京都大学大学院教育学研究科紀要』, 54쪽 참조.

제국의 신민인 우리들이 의무를 다하려면 오로지 힘을 다해 학문을 해야 한다.[17]

위의 인용문은 『고등소학독본』의 제1권 제1과 '우리나라(吾國)'의 두 번째 문단으로 역성혁명 없이 2천 년간 지속된 일본 역사의 존귀함을 역설하며 천황의 은혜 속에 신민의 의무를 다해야 하는 시기임을 주장하고 있다. 또한 편집자가 서문에서 "아동으로 하여금 황실을 존경하고 국가를 사랑하는 지기(志氣)를 함양하는 것이 주된 목적"[18]이라고 명확히 밝히고 있는 바와 같이 『고등소학독본』은 황실중심의 국가관이 충분히 반영된 교과서라고 할 수 있을 것이다.

『고등소학독본』의 내용은 〈표 2~8〉에서 보듯이 그 제재를 국민·역사·이과·지리·기타로 나누어 다루었으며, 그 중 역사는 일본고대·일본중세·일본근세·일본근대와 같이 시대별로, 이과는 식물·동물·광물·물리·자연·천문으로, 지리는 일본지리와 세계지리로, 기타는 수신·언어·설화·가정·서간·잡류로 세분화 할 수 있다. 본서의 서언에 각 제재와 교육 목표에 대한 자세히 언급이 되어 있다. 즉, '국민'은 '제조 기술, 경제 원리 등은 아동이 훗날 상공인이 되었을 때 알아야 할 사항'을 다루고 있으며, 그 내용은 '군(郡), 시(市), 부(府), 현(縣), 경찰, 중앙정부의 조직부터 법률의 대략적인 것에 이르기까지의 사항은 우리나라 사람이 일반적으로 알아야 할 것이므로, 아동의 지식, 발달의 정도를 참작하여 이를 기술함으로써 훗날 국가에 대해 다해야 할 본분을 알게 되기를 기대한다'고 서술하고 있다. '역사'는 '이 나라 고금의 저명한 사적에 대해 기술함으로써 아

---

17) 『高等小學讀本』 卷1, 1~2쪽.
18) 「緒言」, 『高等小學讀本』 卷1, 3쪽.

동으로 하여금 황실을 존경하고 국가를 사랑하는 지기(志氣)를 함양'을 목적으로 하고 있으며, '지리'는 '이 나라의 유명한 도부(都府), 경승지 등의 기사를 비롯하여, 우리나라와 친밀한 관계에 있는 중국, 구미 여러 나라의 대도시들의 정황을 간략하게 설명'하고 있다. 이어서 '이과'는 '초목(草木), 조수(鳥獸) 등의 특성 및 인간의 삶에 필요한 것이므로, 물리, 화학의 개요를 해설'하며, '오늘날에 있어 필요한 모든 힘, 모든 기계가 발명된 전말, 발명자의 전기(傳記) 등을 기술하여 아동이 분발하고자 하는 마음을 일으키도록 힘썼다'라고 밝히고 있다. 수신은 '소설, 비유, 속담, 전기, 시가 등을 사용해 아동의 즐거운 마음을 환기시키고, 소리 내어 읽을 때 자연스럽게 지혜와 용기의 기운을 양성하고, 순종, 우애의 정을 저절로 느끼게 하여, 아동으로 하여금 그 자신을 사랑하고 중시하며 그 뜻이 높고 홀륭해지기를 바란다'라고 밝히고 있다. 각 권의 2~3단원은 한시나 운문을 다루고 있는데 교훈적이며 애국과 관련된 것이 많다. 이렇듯 『고등소학독본』은 일본 국민이자 동시에 근대 세계 시민으로서 갖추어야 소양에 대한 기본 지식과 덕목을 종합적으로 다룬 종합독본인 것이다.

특히, 한국에서 최초의 근대적 국어교과서로 평가받는 『국민소학독본』의 저본이 바로 『고등소학독본』이었다는 점은 국어학적, 교육학적, 역사학적 관점에서 간과할 수 없는 일이다. 1895년에 7월에 학부 편집국에서 편찬, 간행한 개화기 국어교과서 『국민소학독본』은 우리나라 최초의 관찬(官撰) 대민 계몽교과서이다. 일본의 『고등소학독본』을 참고하여 편찬하였지만, 국권이 상실될 위기에서 국권수호를 위한 애국적 인재양성의 교육 취지가 적극 반영되었으며, 조선정부가 서구의 근대문명을 국민교육의 지침으로 삼아 부국강병 및 실용적 교육을 위해 교재로 편찬하였던 것이다. 문체는 국한

문 혼용체로서 총 72장 144면, 한 면은 10행, 1행은 20자로 구성되어 있으며, 형식은 장문형이고 띄어쓰기와 구두점이 없다. 총 41개 과로 그 목차는 다음과 같다.

저본인 일본의 『고등소학독본』의 구성과 내용이 거의 흡사하지만, 한국의 처지와 실정에 맞게 단원을 선별하거나 변경하는 등 취사선택을 하였으며, 내용구성은 필요한 내용을 발췌하거나 요약, 혹은 변경, 새롭게 집필하기도 하였다. 서구의 선진화된 생활과 문물, 도시에 대해 소개하고 과학적인 내용을 다룸으로써 근대화의 필요성에 대한 인식을 국민에게 심어주고자 했다. 특히 미국 관련

단원을 많이 둔 것은 미국처럼 자주부강한 나라를 만들자는 취지로 보인다.[19] 또한, 낙타나 악어 등과 같이 한국에서는 접할 수 없는 동물에 대해 소개하여 학생들의 지적 호기심을 자극하고 동시에 넓은 세계를 인식할 수 있도록 했으며, 징기스칸과 같은 인물의 소개를 통해 진취적인 정신을 함양하고자 했다. 또한 세종대왕, 을지문덕과 같은 한국의 대표적인 위인의 소개를 통해 민족의식을 고양시키고자 노력을 했다. 즉, 『국민소학독본』은 전근대에서 근대로 넘어가는 전환기에 편찬된 교과서로 근대화를 통해 대한제국의 주권을 지키고 체계적인 국민 교육을 위한 시도였다는 점에서 그 역사적 의의가 있다고 할 수 있다.[20]

『국민소학독본』의 교과적 구성은 이미 언급한 바와 같이 『고등소학독본』의 틀을 벗어나지 않으면서 많은 부분이 그대로 계승되고 있는 점은 역설적이라고 할 수 있다. 그러나 『국민소학독본』에 계승되지 않은 과의 출현으로 볼 때, 이는 지덕과 근대화사상에 관한 내용의 선택적인 계승과 그와 동반해 교과내용에 관한 재구축을 의미한다. 이와 같은 내용을 통해 한국의 근대적 국어 교과서의 성립 과정 및 교육이념, 한일 양국의 근대화 사상에 대해 규명할 수 있을 것이다.

본서는 일본 쓰쿠바대학(筑波大学) 소장본을 저본으로 하여 번역 작업을 하였으며, 영인과 함께 출간함으로써 교육학, 국어학, 일본어학, 역사학 등 각 분야의 연구자에게 연구 편의를 제공하여 근대 개화기 교육 및 역사, 교육사상의 실상을 밝히는데 도움을 주고자 한다. 또한 세부적으로는 근대 한일 교과서에 나타난 교육이념, 역

---

19) 학부대신 박정양의 미국견문록 『미속습유(美俗拾遺)』와 밀접한 관련성이 보인다.
20) 자세한 것은 강진호(2013), 「국어과 교과서와 근대적 주체의 형성: 『국민소학독본』 (1895)을 중심으로」, 『국제어문』 58, 국제어문학회 참조.

사관, 세계관에 대해 종합적이고 다각적인 검토를 가능하게 할 것이며, 나아가 근대 한일 양국 간의 관계를 재조명하는 데 일조할 수 있으리라 믿는다.

역자 성윤아·권희주·이현진

차례

(원전) 고등소학독본 권3___111

(역주)
고등소학독본 권3

高等小學讀本

三

제1과 친절에 대한 보답

미국의 어느 산 속을 지나는 철도 근방에, 볼품없는 오두막을 짓고 딸과 함께 조용히 세상을 사는 미망인寡婦이 있었다. 무엇하나 정해진 생계가 없어 닭을 기르거나 혹은 나무 열매를 주워 이것을 근방의 도시에 팔아 겨우 입에 풀칠했다. 종일 걸어서 몹시 피곤할 때에는 기차를 타고 돌아가기도 했는데, 차장은 가난한 미망인의 딱한 사정을 알고 있었기에 요금을 받지 않고 승차를 허락하는 일도 많았다.

그러던 어느 해 봄, 산 정상에 쌓인 눈이 녹아 그 물이 한꺼번에 사납고 빠르게 밀어닥쳐 미망인이 살고 있는 곳의 옆 낭떠러지를 지나는 철도의 다리가 부서지고 그 다리의 잔해마저도 모조리 하류로 떠내려갔다. 그러나 밤중의 일인데다가 비마저 세차게 내려 이러한 상황을 아는 사람은 이 모녀 말고는 어느 누구도 없었다. 당장이라도 열차가 달려오면 승객이 타고 있는 열차는 깊은 계곡 아래로 추락해 가엾게도 모두 목숨을 잃을 것이었다.

이때 미망인과 딸, 두 사람은 어떻게 해서든 갑자기 일어난 변고를 알려 사람들의 목숨을 구해야 한다고 생각해 백방으로 고심한 끝에 간신히 한 책략을 떠올렸는데, 딸과 함께 철로 위로 많은 장작을 옮기고 겹겹이 쌓아 이것에 불을 붙였다. 이때 열차의 경적이 대단히 크게 들리면서 불빛이 멀리서 반짝이는데 그 빠르기가 질풍과 같아 순식간에 이곳으로 올 것이 틀림없었다. 그러나 기관사가 과연 이 불길을 보고 알아차려 바로 열차를 멈추어 줄지는 예상할 수 없었다. 때문에 미망인은 입고 있던 옷을 찢어 장대에 묶고 불을 붙여 높이 들어 올리고서는 선로 위를 마구 달리자 딸 또한 그 행동을 따라 나무 가지에 불을 붙여 높게 올리고서는 내달렸다. 이렇게 마음을 다하였지만 그래도 지나쳐 버릴까봐 염려스러워 "열차를 멈춰요! 열차를 멈춰요!" 가능한 큰 소리로 외쳤다.

급기야 기관사는 비상 상황을 알리는 불빛이라는 것을 알아차리고 큰 소리로 외치는 것을 듣자 변고가 생겼음을 느껴 서둘러 열차를 멈추려했지만 빠른 속도의 여세가 대단해 한 번에 멈추지 못하고 간신히 미망인이 불을 들고 있던 곳에 이르러서야 완전히 멈출 수 있었다.

이때 차장, 기관사, 승객 등이 모두 기차에서 내려 그 연유를 물었다. 미망인은 자신들의 힘으로 열차를 멈추어 사람의 목숨을 구할 수 있었던 것을 기뻐하며, 다리가 떨어진 곳으로 사람들을 데리고 가 그 상황을 가리켰다. 많은 사람들이 의외의 변고에 경악하며 자신들도 모르게 눈물을 흘리고서는 다시금 살 수 있게 된 은혜에 감사하며 모든 승객이 바로 약간의 돈을 거두어 감사의 뜻을 표했고 철도 회사 또한 함께 뜻을 모아 약간의 돈을 주었다. 이로 인해 두 모녀는 평생 안락하게 살았다고 한다.

제2과 중세의 풍속 1

여기에서 중세라고 함은 덴지天智 천황 때부터 가마쿠라鎌倉 막부가 일어난 때까지를 말한다. 당시의 풍속을 알려주자면 여자가 흰 분을 바르고 이齒를 물들이는 것이 오랜 관습이었으며, 후에는 남녀 모두 의식儀式을 치를 때에 흰 분을 발랐다. 그래서 하인의 얼굴에는 흰 분을 바르지 못하게 하여 원래의 검은 피부를 드러내게 했다는 기록물도 있다. 눈썹먹*으로 눈썹을 그리는 것도 이 시기부터 성행하였다. 즉 눈썹을 그리는 먹으로 원래의 눈썹을 밀어버리고 그 자리에 먹을 발라 눈썹을 그리는 것이다. 여자의 볼에 붉은 칠을 하는 것, 남자의 치아를 물들이는 것 등도 이 무렵에 이루어졌으며 무가武家의 시대가 되어도 무사들 중에 여전히 치아를 물들이는 이가 있었다고 한다.

남자의 머리는 귀천에 따라 달랐다. 천한 자들은 머리를 늘어뜨리는 경우가 많았지만 귀인은 항상 머리를 묶었다. 단, 그 묶는 모양은 상고시대[1]와 달리 머리를 하나로 묶었다. 이것을 모토도리髻라고 하며 그 끈을 모토유이纈라고 했다. 천황이 대례大禮가 있을

---

1) 헤이안(平安) 시기까지를 말한다.

때마다 양쪽으로 모토도리를 하던 것은 상고시대와 마찬가지이다. 처음에는 여자도 모토도리를 하도록 정했으며, 예복을 입을 때 모토도리 묶는 곳에 금과 옥으로 장식하는 것을 호케이寶髻라고 했다. 그러나 후에 평상시에는 머리를 늘어트리고 대례시에만 하얀 모토유이를 사용해 이마 위로 머리를 묶어 여기에 머리장식*이나 빗 등으로 장식을 했다. 다만 비천한 여자 등은 항상 머리를 묶었다고 한다. 아동은 귀천 없이 모두 머리를 늘어뜨리고 관을 쓰게 되면 비로소 머리를 묶었다.

당시에는 여자도 활발히 말을 탔던 것으로 보이며, 여자 40세 이상은 말을 타는 데 있어 바로 타거나 옆으로 타는 것을 본인의 의사에 맡긴다는 명命이 있었던 것으로 보아 그 무렵에는 지금의 서양 여인과 같이 옆으로 탔던 듯하다. 소에 수레를 매다는 것도 이 무렵부터 시작되었는데 처음에는 무거운 물건을 운반하는 데만 사용하였으며 사람을 태우지는 않았다. 나중에 부녀자가 이것을 탔기 때문에 지붕도 설치한 듯하다. 그러나 처음에는 오로지 귀부인

만 탈 수 있었으며 남자는 더욱이 탈 수 없었는데, 점차로 벼슬아
치에게도 타는 것을 허락하였으며 마침내는 신분의 귀천 없이 모
두 타게 되었다.

---

*눈썹먹(黛): 송연을 이용해 그렸다.
*머리장식(釵子): 지금의 꽃 비녀(花簪)와 같은 것이다.

제3과 중세의 풍속 2

당시 아침은 사시巳時*, 저녁은 신시申時*에 먹었는데 천황도 두 번 식사를 하시어 일반적으로 1일 2식의 습관이 되었다. 후에 점심은 미시未時*, 저녁은 밤이 될 무렵에 먹어 세 번의 식사를 하게 되었다는 사실을 알아야 한다. 또한 불법佛法이 성행할 무렵부터 짐승의 고기를 먹는 일이 크게 줄었는데 당시 천황은 빈번한 살생을 금지했을 뿐만 아니라 멧돼지, 사슴류는 오랫동안 상에 올리지 못하게 하셨다. 그 후 멧돼지, 사슴 등을 바치는 자가 있어도 그 풍미가 시대의 기호에 적합하지 않다며 멧돼지를 대신해 꿩을, 사슴을 대신해 농어나 꿩으로 했다. 성세盛世라 불리던 엔기延喜(901~923년) 연간에도 음식은 모두 소박하여 건어, 해초에 장鹽豉을 버무려 여기에 조청 등으로 단 맛을 더했을 뿐이었다. 그 후 도미, 잉어, 농어의 회, 전복국, 문어구이, 전복찜 등도 상에 올라 요리법도 점차 다양해졌다고 한다.

중세 초부터 도구도 많아졌는데 금석, 토목 장인이 다양하게 고안하여 이를 만들어내었다. 그 당시에는 모든 도구를 조도調度라고 했는데 후에는 도구道具라고 했다. 도구라는 것은 불사佛事에 이용되는 기구였지만 이윽고 속세에 흘러들어 여러 도구를 이렇게 부르게 되었다. 문서와 도화의 도구, 일상생활과 음식 도구, 재봉과 직물 도구 등은 중국, 삼한三韓[1]에서 배로 들여오거나 또는 이를 모방하여 만들었는데 오히려 타국보다 뛰어난 물건까지 만들어냈다. 칠기는 조정에서 우루시베노쓰카사漆部司[2]를 두어 만들게 했고 혹은 칠공예품을 권장하여 만들게 하였는데 그 제조법은 점차 발전하였다. 엔기 즈음에는 마키에[3]가 성행하여 칠기에도 그림을 그렸는데 그 그림에 금가루를 뿌린 사실은 당시의 서적에서도 찾아볼 수 있다. 또 도기도 처음에는 오직 중국에서 가져온 제품만을 귀하게 여겼으나 후에는 오와리尾張의 도기를 사용했기에 청자를 오와리의 공물로 하기에 이르렀다. 그러므로 오와리에서는 그 즈음부터 이미 도기를 만들었다는 사실을 알아야 할 것이다.

---

*사시(巳ノ時): 지금의 오전 10시경.
*신시(申ノ時): 지금의 오후 4시경.
*미시(未時): 지금의 오후 3시경.

---

1) 여기에서는 고구려, 백제, 신라를 의미한다.
2) 누리베노쓰카사라고도 한다.
3) 금, 은가루를 표면에 뿌리는 기법.

제4과 사자

 사자는 머리가 크고 몸통이 짧으며 가슴은 벌어져 있고 배는 날씬하여 그 용모가 특히 용맹스러운데 꼬리의 끝에는 한 뭉치의 털이 있다. 그리고 수컷은 목덜미에 갈기*가 있다. 네 발에는 예리한 발톱이 있는데 항상 이것을 발가락 끝*에 있는 칼집 형태*의 거죽에 감춰 달릴 때에도 닳아 손상되는 일이 없도록 하고 다른 동물을 잡을 때에 비로소 그 발톱을 꺼내 편다.

 그 눈은 크고 둥글며 빛이 강렬하고, 눈동자는 세로로 길게 보이며, 귀는 똑바로 앞을 향하여 서있고, 입은 크고, 이빨은 짧고 튼튼하며, 혀는 가시와 같은 것이 나있어 거칠거칠해 다른 동물의 생고기를 뼈에서 발라낼 수 있다. 동물을 잡는 모습은 역시 고양이가 쥐를 잡는 것과 다르지 않다. 사자와 고양이는 그 대소강약大小强弱은 크게 다르더라도 모두 고양이류에 속하는 것으로 그 형상, 습관 등이 또한 유사하다.

 사자는 성격이 교활하여 복수를 좋아하지만 대단히 겁약하기 때문에 백주대낮에는 나서서 인간이 기르는 가축을 습격하거나 공격하는 일이 없다. 오로지 그 몸을 방어하기 위해 어쩔 수 없을 때 상대와 싸울 뿐이다. 또한 사자는 밤에 여행하는 사람이 그 동반자와 서로 어긋나 찾아다니며 배회하는 모습을 보더라도 동반자의 부르는 소리가 들리는 동안에는 다가가 이를 덮치는 법이 없다.

사자가 사는 산야에서는 사냥꾼이 잡은 짐승을 사자에게 뺏기는 것을 막기 위해 사냥물을 나뭇가지에 걸고 그 옆에 하얀 천을 늘어트리기도 한다. 또는 서양 마구馬具의 등자鐙子1)를 늘어트리기도 한다. 그리하여 흰 천이 바람에 나부끼고 또 등자가 서로 부딪쳐 소리가 나는 동안에는 결코 사자가 다가오는 일은 없다고 한다. 이렇듯 그 성질이 겁약하기 때문에 확실한 성공을 기대할 수 있을 때에만 인간의 가축을 습격한다.

---

*갈기(鬣)
*발가락 끝(趾端)
*칼집 형태(鞘狀)
*가시(芒刺)

---

1) 말을 탈 때 딛고 올라서는 발걸이.

제5과 식물의 변화

식물 중에는 토지, 기후에 따라 다양하게 변화하는 것이 있다. 특히 사람들은 식용 식물의 변화에 대해 아는 것이 무엇보다도 중요하다. 그리고 식물의 변종은 토지, 기후에 의해 생기는 것이 많다고는 하지만 농부와 정원사의 경작, 재배법에 따라 다양한 변종이 만들어지는 것 또한 적지 않다.

순무나 무는 경작법에 따라 여러 변화가 일어나기도 하며 동시에 토지, 기후에 따라 자연스럽게 변화가 생기기도 한다. 붉은 색의 순무를 다른 지역으로 옮겨 심으면 흰색이 되는 경우가 있다. 또한 굵고 큰 무를 다른 곳으로 옮겨 심으면 가늘고 작게 변하는 일도 있다. 그리고 야생의 당근은 가늘고 얇아 마치 깃대羽莖와 같지만 이를 경작하게 되면 두껍고 긴 뿌리가 된다고 한다.

이러한 변화는 단순히 식용 식물 뿐 아니라 분재 종류에 특히 많다고 한다. 따뜻한 나라에서 자라는 커다란 석탑모양의 선인장도 일단 이를 우리나라에 옮겨 심으면 점차 가늘고 작아져 높이가 겨우 4~5치寸(12~15cm)의 식물로 바뀌어 자란다. 또한 장미, 만년청,[1]

---

1) 백합과의 상록 다년초로 흰 꽃이 이삭 모양으로 피고, 둥근 열매가 빨갛게 익는다.

난과 같은 것은 정원사*가 변종을 만들어내 몇 백종에 이른다. 이 변종된 것에 그마다 이름을 붙여 이를 관상용으로 보는 사람이 많기 때문에 그 값어치 또한 수백 원을 넘는 것이 있다.

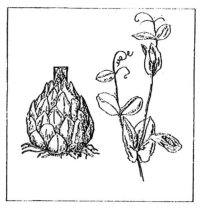

둥글게 말린 형태 및 인경

식물 전체의 변화보다는 일부분에서 변화를 일으키는 것이 특히 많다. 잎에 대해 말하자면 잎의 성질이 바뀌어 인경麟經2) 안에 양분을 저장하는 것이 있다. 백합이 바로 이러한 예이다. 또는 잎의 일부가 변화해 바늘의 형태가 되는 것이 있는데 호랑가시나무가 바로 그러하다. 또는 잎의 성질이 바뀌어 둥글게 말린 형태가 되는 것이 있는데, 완두가 그러하다. 이러한 식물들을 모두 변형엽變形葉이라 부른다.

꽃의 형태에도 다양한 변화가 일어나고 암술, 수술 또한 다양한 변화가 일어난다. 그렇지만 일정한 표징標徵*을 기반으로 이를 연구할 때에는 잎이건 꽃이건 모두 이러한 변화가 일어나는 이유를 알아야 한다. 이렇듯 그 변화를 초래하는 이유를 아는 것은 식물을 연구하는 데 있어 매우 흥미로운 일이다.

---

*정원사(花戶)
*표징(標徵): 한 종류 중 대표가 될 만한 것

---

2) 식물의 땅속줄기의 한 가지. 땅속의 짧은 줄기 둘레에 양분을 저장하여 두꺼워진 잎이 많이 붙어서 둥근 공 모양을 이룬다.

제6과 호겐의 난, 헤이지의 난

고노에近衛 천황이 붕어하셨을 때 스토쿠 상황崇德上皇은 이번에 천황의 자리에 올라야 할 자가 아들 시게히토 친왕重仁親王이어야 한다고 생각하셨으며, 세상 사람들 또한 친왕이 오르기를 바랐다. 그런데 도바 법황鳥羽法皇의 황후인 비후쿠몬인美福門院은 스토쿠 상황의 혈통을 세우는 것을 바라지 않았다. 법황에게 권하여 그 네 번째 아들을 세우셨다. 고시라카와後白河 천황이 바로 그 분이다. 스토쿠 상황은 이를 심히 좋지 않게 생각하셨는데, 그 이듬해 도바 법황이 붕어하셔 그 상에 참석하고자 법황의 궁에 이르렀을 때 후지와라노 고레카타藤原惟方가 유지遺志라 하며 거부하고 문에 들이지 않았다. 상황은 대단히 분노하여 결국 좌대신 후지와라노 요리나가藤原頼長와 모반해 병사를 일으켰다. 이것이 호겐의 난의 시작이다.

미나모토노 요시토모源義朝, 다이라노 기요모리平清盛[1]는 고시라카와 천황을 따랐으나 미나모토노 요시토모의 아버지인 미나모토노 다메요시源為義는 그의 아들 요리카타頼賢, 다메토모爲朝 등과 함께 스토쿠 상황을 따랐다. 요리나가頼長는 그 성정이 완고하여 다메

---

1) 일본 헤이안시대의 무장으로 호겐, 헤이지의 난을 평정하였다. 한때 그의 영지는 전국의 반을 넘어 막강한 권력을 행사하였으나 후에 미나모토노 요리토모에 의해 타도되었다.

요시의 전술을 받아들이지 않은 탓에 오히려 요시토모에게 패배하였고 결국 상황께서는 사누키讚岐로 옮기셨으며 9년 후 시도志度의 쓰즈미가오카鼓岡에서 붕어하셨다. 요리나가는 그때 쏟아지는 화살에 맞아 죽고 다메요시는 항복하였다. 요시토모는 빈번히 아버지의 죽음을 사해줄 것을 아뢰었으나 천황은 사해주지 않으셨다. 요시토모는 어쩔 수 없이 신하 가마타 마사키요鎌田正清로 하여금 다메요시를 죽이게 했고 그 아들과 그를 따르던 무리 70여 명을 참수하여 사태를 평정했다.

그 후 4년이 지나 또 헤이지의 난이 일어났다. 처음에는 후지와라노 노부요리藤原信頼가 고시라카와 상황의 특별한 대우를 받았기에 총애를 입고 근위대장이 되기를 바랐다. 상황은 이를 허락해 주셨으나 쇼나곤少納言2)인 뉴도신제이入道信西가 그 불가함을 진언하며 이를 경계했다. 후지와라노 노부요리는 그 사실을 듣고 병을 이유로 조정에 출사하지 않았다. 그때 다이라노 기요모리는 신제이信西의 딸을 아내로 맞이했는데 그 세력이 미나모토노 요시토모보다 더 강했다. 요시토모는 이를 마음에 들어하지 않았는데 노부요리는 그 마음을 알고 굳게 언약*을 했다. 그러다 노부요리는 기요모리가 구마노熊野에 간 것을 듣고 요시토모와 함께 거병하여 고시라카와 상황과 니조二條 천황을 유폐시키고 스스로가 대신대장大臣大將의 자리에 올랐으며 요시토모를 하리마노카미播磨守3)에 앉혔다. 신제이는 두려워 어찌할 바를 몰라 땅을 파고 들어가 대나무 통으로 바깥 공기*를 통하게 하여 겨우 살아 숨만 쉬고 있었다. 노부요리는 대대적으로 이를 수색해 결국에 그곳을 파내어 목을 베 옥사

---

2) 옛 일본 조정의 최고기관인 오이마쓰리고토노쓰카사(太政官)의 직책 중 하나.
3) 종5품에 상당하는 무관의 관직명.

의 문에 걸었다. 이때부터 조정 회의마다 노부요리는 여러 관료들 위쪽에 앉아 정사를 결정하였는데 그 의관이나 행동거지가 천황과 조금도 다를 바 없었다. 세상 사람들은 이를 아쿠우에몬노카미惡右衛門督4)라고 하였다.

다이라노 기요모리는 그 변고를 듣고 서둘러 구마노에서 돌아와 상황과 천황을 몰래 오시게 하였다. 이에 천황은 로쿠하라六波羅에 행차하시고 상황 또한 닌나지仁和寺에 행차하셨다. 천황은 기요모리에게 명하여 노부요리, 요시토모를 토벌하게 하셨으며 기요모리는 그의 아들 시게모리重盛 등을 보내 이를 공격하게 했다. 노부요리의 군사는 이윽고 토벌당하여 노부요리는 로쿠조가와라六條河原에서 참수당했고, 요시토모는 오와리尾張로 달려가 오사다노 쇼지타다무네長田庄司平忠致에게 의지하였는데 쇼지타다무네가 요시토모를 죽여 교토로 목을 보내, 결국 요시모토의 목은 옥사의 나무 위에 걸렸다. 이리하여 천황은 기요모리, 시게모리 등에게 관직을 주고 직위를 올려주셨는데 기요모리의 위세는 이때부터 점점 커졌다. 그 즈음 다이라 가문平家 일족이 점차 세력을 얻어 조정의 관직에 오른 자가 60여명, 그 영지가 30여 주州5)에 걸쳤으며, 조정의 정사는 대소를 막론하고 모조리 기요모리가 결정하는 대로 이루어졌다. 이런 까닭으로 기요모리의 전횡이 대단히 심해지자 위로는 천황에서 아래로는 서민에 이르기까지 모두 이를 혐오했지만 또한 어떻게 할 수 없는 상황에 이르렀다.

---

*언약(結納): 굳게 약속을 교환하는 것
*공기(外氣)

---

4) 나쁜 우에몬노카미라는 뜻으로 비난의 의미를 담고 있다.
5) 지금의 군 정도에 해당한다.

제7과 고대의 전쟁 1

오늘날은 천하가 무탈하여 많은 사람들이 아무런 고충 없이 편안하게 사는 세상이다. 이러한 세상에 태어났기 때문에 우리들이 전쟁을 책에서 보거나 혹은 아버지나 할아버지의 이야기만 듣고 그 당시의 모습을 상상해보려 해도 떠올리기 어려운 부분이 많을 것이다. 그렇지만 우리가 오늘날 존재하는 것은 모두 우리의 선조가 전쟁의 괴로움과 어려움을 겪어냈기 때문이며 우리 또한 우리의 황실과 자손을 위해 그 힘을 다해야만 한다. 그러므로 여기에서는 옛날 전쟁의 모습을 일부분만 적어 보여주고자 한다.

우선 군사를 북돋아 출진할 때에는 장수와 병사 모두 살아서 돌아올 생각 없이 험난하기 그지없는 곳에 가는데, 당장이라도 적이 올까 한걸음, 한걸음에 주의를 기울이고, 그 곳의 수풀, 그곳의 산 그늘에 적군이 숨어 있지는 않을까 하여 도무지 편안한 마음을 가질 수 없다. 식사도 좋아하는 음식은 먹을 수 없다. 주먹밥에 생된 장을 곁들인 것은 그나마 괜찮은 편이다. 그것을 다 먹어도 따뜻한 차는커녕 물조차 마시지 못하는 일도 많았다.

이윽고 진영으로 정한 곳에 도착해도 애초에 진영이 설치되어 있는 것은 아니기 때문에 빨리 들어가 휴식할 수도 없어, 장군과 병사가 몰려가 우선 대나무를 잘라 모아 막사를 만들고, 종이 깔개 油紙, 막 등으로 지붕을 만들고 사방을 둘러싸는데, 깔 것이 없기 때문에 풀을 베어 깔아 각자의 자리를 마련할 뿐이다. 그리고 또 물을 퍼 밥을 지으려 해도 그릇이 거의 없기 때문에 현미에 된장과 소금을 넣어 국으로 만들어 먹으며 굶주림을 견디기도 한다. 때에 따라서는 이것조차 하루, 이틀 못 먹는 일이 많아 생쌀만 그대로 먹기도 한다. 또 병사의 식량이 떨어졌을 때에는 개나 말의 고기, 나무 열매, 어린 잎 등을 먹는 일도 있었다.

또한 몇 리 떨어진 길을 매일 걸어 피곤할 때에도 목욕을 하여 피로를 풀 수도 없다. 한밤중이라도 야간 습격의 기색이 없을 때, 투구를 베개 삼아 잠깐 눈을 붙일 뿐이다. 물론 침구는 준비되어 있지 않기 때문에 여름에는 모기에 물려 몇 날 밤이고 잠들지 못하는 일도 있다. 또 겨울에는 추위를 견디기 어려워 떨며 밤을 지새우고 잠시 졸 틈조차 없지만, 본진에서 1, 2, 3번 고동을 불면 제군 일동이 기립하여 모든 장비를 제대로 갖추어 출진한다. 그리하여 진영을 나서면 어제와 같이 위험하기 그지없는 곳을 마다하지 않고 몇 리를 힘들게 걸어가니, 날이 밝아도 저물어도 앞서 말한 바와 대체로 같은 모습이다.

제8과 고대의 전쟁 2

막상 전장에 나가보면 활과 포가 비 내리듯 날아다니고 시퍼런 칼날이 햇볕에 빛나 번뜩이며 순식간에 생사존망生死存亡이 나뉘는 경계가 되는데, 조금도 주저하지 않고 의를 다하며 용기를 내 화살과 포탄, 시퍼런 칼날을 무릅쓰고 의리의 무게와 은혜의 깊이만을 생각하며 전진하니, 죽어서 이름을 전장에 남기는 것이 행복이고 영광이요, 퇴각하여 남은 목숨을 치욕 속에 사는 것이 어리석은 것이라 할 수 있다.

투구와 갑옷을 입고 산야를 돌아다니니 검과 창, 화살과 포탄의 상처가 더위에 곪아도 바람 쐬는 일은 아예 생각조차 못한다. 때로는 진영을 만들 여유조차 없어 하루 이틀 밤은 숲속에서 잠복하며 밤을 새, 숲속 모기, 지네와 같은 독충의 공격을 받거나 혹여 비와 이슬, 서리와 눈을 피할 곳도 없어 병에 걸린다한들 마다할 수 없다. 그 난관과 고통은 실로 비할 데가 없다.

지금의 세상은 문명의 학술 진보와 함께 병제가 정비되고 무기가 완비되어 전쟁의 방법 또한 발달해 옛날의 미개한 시대와 같은 참상을 드러내는 일은 없다. 일단 국가에 일이 있을 때 전국의 장정이 모두 분기하여 최고의 무기를 갖추고 충분한 군량을 비축하여 숙련

된 장교의 호령 하에 일거에 적병을 무찌를 수 있을 것이며, 또한 태평한 시대에는 부모, 처자, 형제가 모두 같이 살며 서로 즐거워하고 비와 이슬, 서리와 눈의 고난이 닥칠 일이 없을 것이다. 식량을 비축하지 않고 길을 떠나도 굶는 일 없고 추위에 떠는 일도 없다. 이러한 세상에 태어난 것은 실로 행복한 일이 아니겠는가.

제9과 태평곡

一

활시위 소란에 날아다니는 불꽃의 연기여,
어느덧 끊겨 조용해진 세상은
천지조차도 속삭일 뿐이구나,
만대까지 천황의 시대를 축복하라.

二

평화로운 도읍 구중궁궐,
그 자리에 이루신 무사시노쿠니[1]에
자리 잡으신지 해는 3천년,
대는 120대 그 공적 우러르라.

---

1) 일본의 옛 지역으로 도쿄를 포함하는 그 일대이다.

제10과 고래잡이

남북에 있는 두 바다에는 고래류가 대단히 많다. 그렇기 때문에 유럽 및 미국에서는 해마다 많은 배를 보내 이를 포획했다. 이는 대단히 위험한 일인데 해마다 포경 시기가 도래하면 힘이 센 어부가 그 위험을 감수하며 앞 다투어 이를 포획하려는 것은 오로지 그 이익이 막대하기 때문이다.

고래는 짐승류 중 가장 크고 그 중에서도 특히 큰 것은 6~7장丈 (약 22~25m)에 이르는 것도 있다. 형태는 마치 물고기와 같아 물속에서 사는데 특히 적합한데, 앞발과 꼬리는 지느러미 형상이고 꼬리의 힘이 대단히 세다.

포경선이 고래 잡는 곳에 다다르면 한 사람의 어부는 우선 돛대 꼭대기에 올라가 그곳에 묶여 있는 바구니 안에 앉아 멀리 해면을 바라보며 고래가 떠오르기를 기다린다. 그러다 떠오르면 급히 이를 선장에게 알린다. 이에 선장은 수 척의 작은 배를 띄우도록 명령하고 어부에게 그 배에 올라타게 한다. 어부는 이내 이를 저어 고래가 있는 장소로 나아간다.

어부는 한 명씩 수많은 작은 배의 앞쪽에 서 있다 그 배가 고래 있는 곳에 이르렀을 때 각자 고래를 향해 손에 들고 있던 작살*을 던진다. 고래는 상처를 입고 바로 바다 밑으로 잠수하지만 작살에 연결된 긴 밧줄은 고래의 몸에서 떨어지지 않는다.

작은 배는 더욱 고래를 몰아붙이기 위해 서둘러 고래가 잠수한 곳으로 가서 다시 떠오르기를 기다렸다가 떠오르면 즉시 처음에 했던 것과 같이 작살을 던지기 때문에 고래는 또 상처를 입고 바다 밑으로 들어가 버린다. 그렇지만 고래는 공기를 들이마시기 위해 떠올라야만 해서 재차 수면에 떠오르게 되고 그때마다 작살을 던진다. 이렇게 자꾸 작살을 던지면 고래도 피를 흘리며 점차 쇠약해져 결국에는 죽음을 맞이해 수면에 떠오르게 된다. 이때 어부는 고래를 배 옆에 밧줄로 묶고 그 기름을 떼어내 이를 통 안에 저장한다.

앞에 기술한 것은 고래잡이의 한 예일 뿐으로 그 위험성에 대해 두려워해야 할 점이 적지 않다. 어떤 때는 바다에 떠다니는 얼음덩어리와 충돌하거나 또는 빙산에 부딪혀 배가 부서지기도 한다. 어떤 때는 부상을 입은 고래가 돌진해 와 작은 배가 뒤집혀 바로 침몰하는 일도 있다. 그 기세가 맹렬할 때에는 작은 배가 절단되어 두 동강 나는 일도 있다. 어떤 때에는 고래가 강력한 꼬리로 작은 배를 내리쳐 수십 명의 어부를 물고기 밥으로 만드는 경우도 있다. 고래잡이의 위험은 이렇듯 천태만상으로 이를 상세히 말하기 어려울 정도이다.

그럼에도 불구하고 이러한 위험을 무릅쓰며 용기 있게 나아가는 어부들의 호기를 어찌 대단하다 하지 않겠는가. 병사가 전장에 나아가 몸을 바쳐 나라에 보은하고자 하는

포경의 모습

것과 다를 바 없다. 다만, 어부는 나라를 이롭게 하기 위해 위험을 잊고, 병사는 나라를 지키기 위해 그 몸을 바친다. 이러한 것이 서로 다른 점이겠지만 용기를 갖고 돌진하여 목숨을 먼지보다 가벼이 여기는 것은 강건한 어부의 용기가 오히려 병사를 웃도는 것일지도 모른다. 때문에 용기 내어 돌진하는 그 기개는 누구나 기려야 할 것이다.

---

*작살(銛): 작살이라 하는 것은 창과 같은 것이다

제11과 히로시마

히로시마는 아키노쿠니安藝國 누마타군沼田郡에 있으며 그 동쪽은 아키노군에 걸쳐 있다. 동서북 3면은 구릉이 서로 연결되어 있고 그 북쪽에 있는 구릉 사이에서는 오타가와太田川가 흘러나와 수 갈래로 나뉘는데 그 하류는 남쪽 바다로

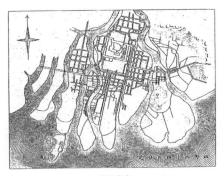

히로시마

흘러들어간다. 강의 형상은 마치 다섯 손가락을 벌린 것처럼 갈라져 있는데 그 위에는 모두 교량이 건설되어 왕래가 자유롭다. 시가는 오사카만큼 번성하여 그 지역 사람들은 작은 나니와小浪華1)라고 하며 자랑스러워한다. 인구는 7만 3천 명 남짓으로 주고쿠中國지방의 제일가는 도회이다.

옛날에는 이 지역을 고카노쇼五箇庄라고 불렀다. 그 무렵에는 갈대와 억새가 무성히 자라는 바닷가였다. 덴쇼天正(1573~1592년) 연

---

1) 나니와는 오사카의 옛 이름이다.

간에 모리 모토나리毛利元就는 산요山陽, 산인山陰 열 개 지방의 다이
슈太守[2]가 되어 처음으로 이곳에 성을 축조했다. 게이초慶長
(1596~1615년) 연간에 후쿠시마 마사노리福島正則가 이곳에 왔지만
그 후 아사노 나가아키라浅野長晟가 그를 대신해 이 땅의 성주로 봉
해졌고 그 후 그 자손에게 세습되었다. 메이지유신明治維新에 이르
러 번藩을 폐지하고 히로시마현広島縣을 두었다.

옛 성은 시가의 중앙에 위치하는데, 약간 북쪽으로 치우쳐 있다.
지금은 성 안에 히로시마 수비대를 두었다. 모토야스바시本安橋[3]를
시의 중심으로 정했다. 사이쿠마치細工町, 쓰카모토초塚本町 등은 성
의 남쪽에 있고 가장 번화한 마을이다. 히로시마현청은 나카지마中
島라는 곳에 있다.

히로시마의 제조품은 조면
繰綿, 망사지蚊帳地, 괭이, 우산
등이다. 해변의 굴 밭이라고
말하는 것은 인공으로 굴을
번식시켜 항상 오사카 등지에
가지고 나가 판매하기 때문이
다. 히로시마 굴이라고 하면
대단히 유명하다.

이쓰쿠시마 신사

이쓰쿠시마嚴島는 히로시마에서 서남쪽으로 5리里(약 19.54km) 떨
어져 있다. 섬 안에는 이쓰쿠시마 신사가 있다. 국폐사國弊社[4]의 대
열에 들어간다. 이 신사가 있어 미야지마宮島라고도 부른다. 도리이

---

2) 당시 그 지역의 영주(領主).
3) 현재는 한자를 元安橋로 표기한다.
4) 신사(神社)의 격 중 하나로 조정에서 정하며 지방관인 고쿠시(国司)에게 봉납을 받는
   신사를 말한다.

鳥居5)가 아름답고 해상에 회랑回廊을 빙 둘러지어 조류가 만조할 때에는 마치 파도 위에 떠있는 것 같다. 그 풍경이 뛰어나게 아름다워 일본 3경 중 하나이다.

---

5) 신사의 입구에 서있는 상징적인 기둥 문.

제12과 시시가타니의 군 작전회의

군의 작전회의를 위해 시시가타니鹿谷에 많은 사람들이 모였고 어느 날 주연이 벌어졌다. 다다노 구란도多田臧人의 앞에 잔이 있었는데 신다이나곤新大納言이 아오사무라이靑侍[1]를 불러 속삭이셨다.* 아오사무라이는 물러나 곧 긴 궤짝 하나를 마루 위에 내려놓았다. 평범한 흰 포 50단을 꺼내어 구란도의 앞에 쌓아두고 다이나곤大納言이 말하길 "평소 의논했던 바를 대장군에게 반드시 부탁하고 싶소. 그 흰 포를 활주머니 값으로 드리리다. 일단 한잔 하시지요"라고 권했다. 구란도는 자세를 바로잡고 조심스럽게 세 번을 마신 뒤 천에 손을 얹어 밀어내니 가솔들이 다가와 그것을 집어 들었다. 그 후 계속해서 잔을 돌리며 주고 건네는 사이에 이미 밤이 되었다. 정원에는 만일을 위해 갖고 온 우산을 잔뜩 펴 두었었다. 산에서 불어오는 바람에 우산이 모두 날려 쓰러지자 끌어다 놓은 말들이 놀라 이리저리 흩어져 날뛰며 서로 물고 밟으니 하인들이 말을 진정시키려고 정원에서 수선을 피웠다. 주연에 참석한 사람도 하나 둘씩 자리에서 일어서는데 그 중 한 사람의 히타타레直垂[2] 소매에

---

1) 귀족 가문에 근무하는 무사.

호리병瓶子*이 걸려 목 부분이 부러졌다. 다이나곤은 이를 보고 "과연 거사의 처음 계획대로 헤이시平氏3)가 쓰러졌구나."라고 말씀하셨다. 그 자리에 있던 사람들이 서로 기뻐하며 웃었다.* 야스요리康賴가 일어서서 "요즘 들어 헤이시平氏가 대단히 많았는데 술에 취해 드디어 쓰러져 망해버렸구나."라며 마치 쓰러진 헤이시의 목을 잡듯이 이를 들어 올려 잠시 춤을 추었다. 그리고 집어든 목을 걸기 위해 큰 길을 건너간다 하고서는 넓은 툇마루를 세 바퀴 돌았다. 그러더니 옥문의 가죽나무 기둥*에 걸겠다며 에보시烏帽子4)를 꿰어 큰 마루 기둥에 묶어두었다.

겐페이세이스이키源平盛衰記

---

*속삭이다(ささやき): 속닥속닥 이야기하는 것
*호리병(瓶子): 헤이시, 후세의 호리병으로 음이 헤이시(平氏)와 같다.
*서로 기뻐하며 웃었다(咲壺の會): 서로 기뻐하며 웃는 모임
*가죽나무(檮ノ木): 옛날에는 죄인의 목을 베어 감옥 문 앞에 있는 가죽나무에 걸었다. 그래서 후세에 바로 이를 옥문이라고 했다.

---

2) 무사의 예복 중 하나.
3) 호리병의 일본어 발음은 '헤이시'로 다이라 가문의 음독인 '헤이시'와 발음이 같다. 호리병의 목을 치는 것은 다이라 가문의 목을 치는 것에 대한 비유를 나타낸다.
4) 무사가 쓰는 건의 일종.

제13과 공기

이 지구를 둘러싼 것이 무엇인가 하면 바로 공기이다. 지구를 둘러싸는 공기의 두께는 대략 45마일이나 되고 무색, 무취의 기체이다. 그 성질이 투명하여 눈과 물체 사이에 공기의 존재 유무를 알수 없다. 그러나 이것은 기체이기 때문에 분자의 탄력이 극히 강하여 이를 압박하는 힘을 제거하면 갑자기 분출하게 된다.

공기의 중량은 해면에서 1평방촌平方寸[1]마다 960kg의 압력이다. 그러나 우리들의 신체가 이렇게 무거운 압력을 느끼지 않는 이유가 무엇인가 하면 바로 신체의 안팎에서 서로 압박하는 힘이 균등하기 때문이다. 해면에서의 압력은 이렇게 무겁지만 이로부터 멀어짐에 따라 점점 약해진다. 후지산富士山처럼 높은 봉우리에 오를때 우리들의 호흡이 점차 가빠지는 것은 바로 공기가 희박해지기때문이다.

또 공기는 끊임없이 운동하는 것이다. 그 운동을 바람이라고 한다. 바로 그 운동이 느릴 때에는 사람의 감정을 온화하게 하며 풀과 꽃, 나무와 잎을 흔들리게 하는 미풍이 되고, 그 운동이 강렬해

---

1) 9.182736cm²

질 때에는 선박을 부수고 가옥을 쓰러트리는 거대한 바람이 되는 것이다. 그리고 바람은 불어오는 방향에 따라 이름을 붙이는 것이 일반적이다. 예를 들면 남쪽에서 불어오면 이것을 남풍이라고 하고 북쪽에서 불어오면 이를 북풍이라고 하는 것이 바로 그것이다.

우리들은 항상 공기와 접하고 있기 때문에 오히려 그 성질과 효용을 명확히 모르는 경우가 있다. 고대의 사람도 그 성질, 효용을 상세히 알지 못했지만 그저 삶에 필요한 사실만은 알았던 것처럼 말이다. 땅, 물, 불, 바람을 4대라고 했던 것은 그 일례이다.

공기는 단순한 것 같지만 그 실체는 다양한 것으로 이루어져 있다. 다양한 것이란 바로 산소, 질소, 이산화탄소,[2] 수증기 등이다. 그 중에서도 질소, 산소는 극히 중요한 것으로서 질소는 그 용량의 5분의 4를 차지하며 산소는 그 5분의 1이다. 이산화탄소, 수증기 두 가지는 때와 장소에 따라 그 양이 일정하지 않지만 산소와 질소 두 요소에 비하면 극히 소량이다. 요컨대 이 4가지의 성분은 동식물의 생존에 필요한 것이다.

---

2) 본문에는 탄산(炭酸)으로 표기되어 있으나 탄산은 액체 속에만 존재하는 것이기 때문에 이산화탄소라고 정정하였다.

제14과 식물의 수면

자네들은 함수초라는 풀을 본 적이 있을 것이다. 이 풀을 보게 되는 사람은 누구라도 그 잎이 예민한 감각을 가지고 있다는 사실에 놀랄 것이다. 어느 식물학자는 함수초를 만지면 그 잎이 즉시 세 가지 운동을 한다는 것을 발견했다. 하나는 수많은 작은 잎이 그 표면을 닫고 바로 앞쪽으로 기우는 것이다. 두 번째는 부챗살과 비슷한 4개의 작은 잎줄기가 서로 가까워지는 것이다. 세 번째는 작은 잎줄기가 붙어 있는 큰 잎줄기가 가지에 붙어 있는 곳의 관절*을 움직여서 바로 아래쪽으로 숙이는 것이다. 낮에 이 잎을 만지면 바로 이를 접은 후에 다시 원래대로 잎을 펴지만, 일몰 후에는 스스로 잎을 접고 일출 전까지는 펴지 않는 것이 일반적이다. 함수초 외에도 낮과 밤에 잎의 위치가 달라지는 것이 적지 않다. 괭이밥도 그 중 하나이다. 어느 식물학자는 이러한 것을 모두 식물의 수면이라고 이름 붙였다.

스웨덴의 린네Linnaeus라는 사람은 식물학의 대가이다. 이 사람은 앞에서와 같이 식물이 운동하는 것을 발견한 이래, 매일 밤 전혀 자지 않고 정원에 나가 식물학적 사실을 연구했다. 십여 일 연구한 후, 잎의 위치를 바꾸는 식물이 한 둘이 아니며 보통의 식물도 세

밀하게 연구해보니 다소간 이러한 힘을 갖고 있다는 사실 또한 알게 되었다. 그리고 그 위치를 바꾸는 것은 햇빛을 보기 위한 것으로 차가운 공기가 그 원인이 아니라는 것을 알게 되었다.

함수초

그 후 또 한 식물학자는 그 사실이 정확한지 아닌지 의심하여 함수초류를 램프 빛으로 비추어 이를 실험했다. 이 학자의 실험에 대해 들어보니 밤에는 식물에 램프 빛을 비추고 낮에는 어두운 곳에 두었다고 한다. 그랬더니 처음에는 그 잎의 개폐開閉가 정확했지만 며칠 후부터 램프의 빛 때문에 완전히 반대의 작용*을 일으켰다. 즉 밤에는 잎을 펴고 낮에는 이를 접었다고 한다.

---

*관절(關節)
*작용(作用)

제15과 미나모토노 요리마사의 거병

미나모토노 요리마사源賴政는 요리미쓰賴光의 5대손으로 효고의 수장兵庫頭인 나카마사仲正의 아들이다. 일찍이 천황의 명을 받들어 궁전 지붕 위에 있는 괴조怪鳥를 맞추었는데 모두가 그 뛰어난 기량에 탄복했다. 나이가 들어 종삼위從三位에 올랐으나 머리를 깎고 출가하였다.

이즈음 다이라 가문平氏의 권세가 점점 성하여 기요모리淸盛의 전횡이 나날이 심해지고 결국에 고시라가와後白河 법황을 유폐하기에 이르렀다. 그런데 법황의 둘째아들 모치히토왕以仁王은 그 모후를 법황이 총애하지 않아 나이가 들어도 친왕親王이 될 수 없었다. 요리마사는 이에 왕을 받들어 의병의 대장義主*이 되길 바라 그 이익과 해를 설명하니 왕은 그 이야기를 듣고 결연히 이를 허락하였다. 이에 여러 지역의 미나모토 가문源氏에 지령*을 전하고 다이라 가문의 죄를 널리 알려 이를 토벌하려고 하였다.

그러는 동안 기요모리는 그 모반을 알고 병사들에게 왕이 있는 다카쿠라노미야高倉宮를 포위시켜 왕을 도사土佐로 유배 보내고자 했다. 요리마사는 이에 왕을 온조지園城寺로 피신하게 해 아들인 나카쓰나仲綱, 가네쓰나兼綱 등과 함께 왕을 따랐다. 나라南都1) 및 고후

쿠지興福寺의 승려 또한 모두 왕을 받들었다. 이에 요리마사는 우지가와宇治河의 다리를 부수게 하여 다이라 군을 기다렸다 잘 막았지만 결국에는 적이 강물을 건너 진격한 탓에 크게 패하였다. 요리마사 또한 빗발치는 화살 속에 무릎을 다쳐 결국 보도인平等院에 들어가 나카쓰나仲綱 등과 함께 자살하였는데 그 나이 77세였다. 왕은 나라로 향하려 했지만 도중에 빗발치는 화살 속에 숨졌고 다이라 군이 그 머리를 교토에 전했다.

이렇게 요리마사는 거사를 이루지 못 한 채 죽었지만 여러 지역의 미나모토 일족은 왕의 지령을 받들어 동서로 나뉘어 싸우게 되었다. 미나모토노 요리토모源賴朝는 아즈마노쿠니東國에서 거병하고 기소노 요시나카木曾義仲는 시나노信濃에서 거병하였는데 이는 요리마사가 의를 부르짖었기 때문이다.

---

*의병의 대장(義主)
*지령(令旨): 친왕 등의 명령이다.

---

1) 南都는 나라(奈良)의 별칭.

제16과 와타나베 기오의 이야기

와타나베 기오渡邊競는 겐잔미뉴도源三位入道 요리마사賴政가 거느린 무사 중 제 일인자였다. 그러나 지쇼治承(1177~1181년) 치세 중 요리마사가 다카쿠라노미야高倉宮에게 권하여 거병하였을 때 수도를 급히 떠나 다급하게 미이데라三井寺로 향했는데 그만 까맣게 잊고 기오에게 이러한 사실을 알리지 않아 기오는 망설이며 집에 머무르고 있었다. 다이라노 무네모리平宗盛는 평소 기오가 다부져 자신의 무사로 삼고 싶어 했지만 요리마사가 왕의 측근이라 청할 방도가 없었는데 기오 혼자 수도에 남았다는 소식을 듣고서 사람을 시켜 로쿠하라六波羅로 오게 하였다. 무네모리는 대면하여 "자네가 오늘부터 나를 따르면 뉴도보다 더 많은 은혜를 베풀겠다."고 하며 고카스게小糟毛라는 말에 안장을 놓고 생각을 바꾸는 대가라며 주었다. 또, 도야마遠山라는 말을 끌고 왔는데 검은 털에 위세 있는 투구까지 모두 갖추고 있었다. 기오는 황송해하며 빙긋이 웃으며 물러나 돌아갔다.

일족의 가신이 다가와 "뉴도님이 이렇게 큰일을 계획하시고 떠나셨는데 홀로 남겨진 것은 실로 유감이요. 대장이 이렇게 끊임없이 부탁을 하시니 거절하기 어렵겠소. 때에 맞는 꽃을 장식하라*는 말이 있듯이 부디 이대로 있어주
었으면 하오."라고 하자 기오
는 "싫소. 용사의 의가 아니
요."라며 무네모리에게 받은
갑옷을 입고 고카스게를 타고
젊은이들과 일곱 기사를 데리
고 미이데라에 출격하였다. 로
쿠하라의 문 앞을 지날 때 말
에 탄 채로 문 안을 들여다보면서 큰 소리로 말하길 "기오 여기 왔
소, 방금 하사받은 말을 타고 미이데라로 가겠습니다. 특별한 보살
핌을 받는다 해도 잔미뉴도의 은혜를 잊기 어려우니 이번에 죽음을
함께 하겠습니다. 부득이 문 앞을 그냥 지나쳐 가오니 이만 실례하
지요."라고 말하고 미이데라에 도착한 후에는 요리마사와 함께 했
으나 그 후 우지하시宇治橋의 전투에서 결연히 전사했다.

슨다이자쓰와駿臺雜話

---

*때에 맞는 꽃을 장식하라(時ノ花ヲカザシニセヨ): 위세 있는 사람을 따르라는 말.

제17과 물의 작용

우리들 주변에는 늘 변화가 끊이지를 않는다. 다만 그 변화가 극히 서서히 일어나기 때문에 우리들은 이것을 알 도리가 없다. 그 변화는 수백 년 축적되지 않으면 볼 수 없다. 그런데 그 변화하는 것 중에 특히 힘이 큰 것이 바로 물의 작용이다.

소량의 물이 능히 암석을 부순다고 하면 사람들은 어쩌면 이를 믿지 않을 것이다. 그런데 빗물이 사암석* 위에 모였을 때 햇빛과 공기에 오랫동안 노출되면 마침내 사암석은 조각으로 잘려 고운 모래가 되어 떨어져나간다. 또한 물이 능히 모래와 돌의 위치를 바꾼다고 한다면 사람들은 아마 이를 의심할 것이다. 그런데 조용하게 잔잔히 계곡을 흐르는 물은 항상 물 밑의 모래와 돌을 흘려보내 그 위치를 바꾼다. 때문에 오늘의 심연深淵은 오히려 내일의 얕은 여울이 되기도 한다. 심지어 봄바람이 얼음을 녹이고 쌓인 눈을 녹일 때에는 흘러내리는 물이 거세게 넘쳐 산을 무너트리고 협곡을 메우는 일도 있을 것이다.

이와 같이 물은 암석을 부수고 모래와 돌을 흘려보내기 때문에 육지 위의 변화를 일으키는 것이 실로 대단하다 하겠다. 큰 강어귀에 있는 사주 혹은 삼각주는 모두 물이 쌓아 올린 것이다. 또한 해안이 점차 물에 쓸려나가거나 혹은 점차 토사가 쌓이는 것 또한 물의 힘에 의한 것이다. 이와 같이 빗물은 암석을 부숴 조각으로 잘라 고운 모래의 양을 늘리고, 강과 바다의 물은 토사의 위치를 변화시킬 뿐만 아니라 수천 년 후에는 드높은 구름 속에 우뚝 솟은 산악도 변화시켜 큰 바다를 만들고, 넓디넓은 하늘에 닿은 큰 바다도 또한 마침내 육지가 되는 날이 있을 것이다. 물의 힘은 이렇듯 대단히 크다고 할 수 있다.

---

*사암석(砂巖石): 모래가 굳어 만들어진 돌로 영어로 샌드 스톤(Sandstone)이라고 한다.

제18과 와카야마

와카야마和歌山는 기노쿠니紀伊国의 서북쪽 끝인 나구사군名草郡에 있고 아마군海部郡에 걸쳐 있으며, 북쪽은 기노카와紀ノ川가 둘러싸고 있고 남쪽은 와카노우라和歌浦에 접해있다. 기노카와에서 물을 끌어다 시가의 동남부를 지나 이를 와카노우라로 흘러들게 했다.

와카야마성은 시가의 중앙에 있다. 이 지역은 원래 오카야마岡山라고 불렀다. 덴쇼天正(1573~1593년) 연간에 하시바 히데나가羽柴秀長가 축조한 곳이다. 도쿠가와 이에야스德川家康의 아들 요리노부賴宣가 그 성주가 되자 대대적으로 이를 개축하여 지금의 이름으로 고치고 이윽고 오늘날과 같이 번화한 도시가 되었다. 와카야마현청은 니시미기와마치西汀町에 있다. 시가지는 성의 서쪽에 있으며 그 중에서도 혼마치 거리本町通가 가장 번화한 곳이다. 마을의 수는 400~500개이며 인구는 대략 5만 6천 명 남짓이다.

기노카와는 큰 강으로 그 상류는 야마토大和의 요시노가와

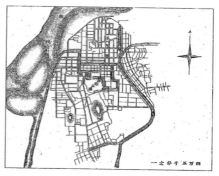

와카야마

吉野川이다. 와카야마의 북쪽에서 서쪽으로 흘러 결국에는 바다로 들어간다. 기노카와의 입구를 오노미나토雄ノ湊라고 한다. 강줄기가 30리里(약 117.8km)나 되어 강을 이용한 운수에 특히 이점이 많다.

와카노우라는 또 묘코가우라明光浦1)라고도 한다. 산과 바다의 풍경이 극히 아름다워서 예부터 유명한 경승지이다. 그 동쪽에는 나구사산名草山의 중턱에 기미이데라紀三井寺가 있다. 와카노우라가 한눈에 내려다보여 경치가 대단히 아름답다.

와카야마의 산물은 테실綛糸*,2) 몬바오리紋羽織*,3) 운사이오리雲斎織,4) 마고로쿠의 버선孫六足袋,5) 마쓰바카라 우산松葉傘*,6) 나구사 도자기名草焼 등이 있다. 근래에 이르러 가죽, 가공한 종이 신발, 플란넬7) 제조가 성행한다. 남쪽으로 2리里(약 7.9km) 떨어진 곳에 구로에무라黒江村가 있다. 그 칠기는 특히 명성이 높다.

---

*테실(綛糸)
*몬바오리(紋羽織)
*마쓰바카라 우산(松葉傘)

---

1) 현재에는 '아카노우라'라고 읽는다.
2) 포개어 감아 테를 지은 실.
3) 가문(家紋)이 들어간 남자의 겉옷.
4) 무명의 종류로 튼튼한 것이 특징이다. 버선의 바닥 등을 만들 때 사용된다.
5) 와카야마의 특산품으로 일본식 버선.
6) 와카야마에서 생산되는 우산을 가리키는 것으로 대나무나 종이로 제작한다.
7) 털실, 면, 레이온의 혼방사로 짠 직물.

제19과 낙타

　사람이 부리는 짐승 중 낙타처럼 기이한 것은 없다. 말과 소는 세계 곳곳에서 부리지만 낙타는 열대지방의 사막에서만 이용한다. 그 때문에 이를 사막의 배라 일컫는다.

　낙타는 그 몸이 보기 흉하며 말처럼 아름답지 않다. 등에 1개 내지 두 개의 혹이 있다. 온몸이 옅은 다갈색 털로 덮여 있고 다리가 길며 무릎에는 단단한 가죽이 있다. 이 가죽이 있기 때문에 모래와 자갈砂礫 위에 앉아도 상처를 입지 않는다. 발바닥에는 두꺼운 가죽이 있으며 폭이 넓고 평평하기 때문에 사막을 건널 때 말굽과 마찬가지로 빠질 염려가 없다. 입 안쪽은 뼈가 많고 단단해서 사막에서 자라는 가시를 먹어도 입에 상처를 입지 않는다. 윗입술은 두 쪽으로 갈라져 있기 때문에 손의 역할을 해 초목을 뜯어먹는데 편리하다.

　등의 혹은 낙타 몸 중에서도 가장 기이한 것이다. 두 개의 혹이 나란히 있는데, 그 모

낙타

양이 안장과 같은 것을 쌍봉타雙峯駝라 하고 혹이 한 개인 것은 단봉타單峯駝라 한다. 이 혹은 지방질로 되어 있어 사막 여행 중 먹을 것이 부족할 때 이 지방질로 생명을 이어간다. 오랜 시간 음식물을 먹지 않으면 혹이 자연스럽게 줄어드는데 이는 낙타가 직접 먹는 것이 아니고 혹의 지방질이 체내로 들어가 혈액과 섞여 몸이 자양하기 위한 원료가 되는 것이다.

이 혹 보다 기이한 것은 낙타의 위장이다. 일반적으로 위장은 다른 동물에게도 있으며 생활에 필요한 음식물이 들어가는 곳이다. 그러나 낙타의 위장은 음식물만 들어가는 것이 아니라 몇 개의 물주머니가 있어 멀리 갈 때에는 우선 다량의 물을 마셔 저장해 두기 때문에 오랜 시간 목이 마르지 않는다. 이렇듯 이 물주머니는 낙타의 갈증을 해소하기는 하지만 이 때문에 그 생명을 빼앗기는 일이 있다. 낙타꾼이 소지하고 있는 물을 다 마시고 따로 물을 구할 방도가 없을 때에는 낙타를 죽여 그 물주머니의 물을 마시는 일이 있기 때문이다. 그러나 낙타 한 마리의 값은 몇 백 원이나 하기 때문에 죽음에 이르기 직전까지는 낙타를 죽이는 일이 거의 없다고 할 수 있다.

제20과 도기의 제조법

도기陶器는 고대부터 만들어온 것으로 이것을 오지그릇이라고 한다. 그렇지만 그 제조법이 정교해진 것은 가토 가게마사加藤景正라는 사람에서 비롯되었다. 이 사람은 오와리노쿠니尾張國의 가스가이군春日井郡 세토무라瀨戸村의 도공인데, 지금부터 약 6백 년 전 고호리카와後堀河천황 때 처음으로 중국의 제조법을 우리나라에 전했기 때문에 이곳에서 제조된 것이 대단히 많다. 이때부터 각지에서 제조하는 도기도 대부분 세토모노瀨戸物라고 부르게 되었다. 그 후 3백 여 년이 지나 이세伊勢의 마쓰자카松坂에 손스이祥瑞라는 사람이 있었다. 중국에 가 처음 자기磁器 제조하는 법을 배우고 돌아온 후, 이를 히젠카라쓰肥前唐津의 도공에게 전했다. 이때부터 자기의 제작이 시작되어 우리나라에서 성하였다. 지금은 오와리尾張의 세토瀨戸, 히젠의 아리타有田, 니시노쿄西京의 기요미즈淸水 등이 도기 제작으로 특히 유명하다.

자기가 전해지기 전에는 도기만을 제작했다. 그 제조법은 점토를 빻아 부수어 물로 일고,* 다음에는 이것을 건조시켜 흙덩어리* 로 만들어 굴림판에 놓은 뒤 손가락 혹은 빗으로 형태를 만들고 다시 이것을 건조시킨 후에 가마에 넣고 굽는 것이다. 이를 애벌구이

素燒라고 한다. 애벌구이에 유약을 칠하고 다시 가마에 넣어 구운 다음 그림이 필요한 것에는 붉은 색, 감청색, 청색 등으로 그림을 그리고 다시 이것을 가마明鑑[1]에 넣어서 굽는 기법이다. 자기의 제조법은 이것과 조금 다르다. 먼저 규석을 분말로 만들고 도토陶土를 섞어 앙금짓기*를 한 뒤 반죽하여 흙덩어리를 만든다. 이것을 물레에 놓고 바탕흙을 만들어 대강 건조시킨 후에 다시 물레에 놓고 칼로 바탕흙을 깎아내어 두껍거나 얇거나 한쪽으로 기우는 부분이 없도록 한 뒤 이것을 건조한 후에 애벌구이를 한다. 이미 애벌구이가 되었기 때문에 여기에 유약을 바르고 다시 가마에 넣어 구운 뒤 이것을 식혀 가마에서 꺼낸다. 이것을 청화靑花라고 한다. 이렇게 한 후 그 위에 색을 칠하고 그림을 그려 다시 가마明鑑에 넣고 이것을 굽는다.

도기, 자기의 제조법은 원래 중국인이 스스로가 자긍심을 가졌던 바였으나 지금은 우리나라에서 제조되는 것이 오히려 앞서가는 기세이다. 때문에 해마다 외국에 수출하는 것도 적지 않다.

---

*일다(淘)
*앙금짓기(水飛): 물에 풀어 윗물과 침전물로 분리하는 것.
*반죽(捏聚)
*흙덩어리(塼)

---

1) 덧칠한 안료에 직접 불이 닿지 않도록 이중구조로 만든 가마이다.

제21과 미나모토노 요리토모 전 1

미나모토노 요리토모源賴朝는 아명이 오니무샤鬼武者[1]로 사마노카미左馬頭[2] 요시토모義朝의 셋째 아들이다. 헤이지平治의 난 때, 아버지, 형과 함께 오우치大内[3]에 기거하며 13살 나이에 두 사람이나 쏘아 죽였다. 군대가 패배해 동쪽으로 도망쳤는데 도중에 아버지와 형을 잃는다. 한 어부가 요리토모를 보고 범상한 사람이 아니라는 것을 알아채고 여자로 꾸며 미노노쿠니美濃國 아오하카역青墓駅 엔주延寿의 집에 가게 해주었다. 엔주는 요시토모가 일찍이 사랑하던 여인이었다. 아들 요리토모는 칼 히게키리鬚切[4]를 엔주에게 맡기고 간토関東로 가던 도중 다이라노 기요모리平賴盛의 신하인 다이라노 무네키요平宗清의 손에 포로가 되었다.

결국에 요리토모는 로쿠하라六波羅에 송치되고 이윽고 참수될 위기를 맞았는데 무네키요는 "너는 살고 싶으냐?"라고 물었다. "그렇소. 부모 형제 모두 죽었으니 내가 아니면 누가 그 명복을 빌어주

---

1) 오니, 즉 귀신에게 기예라도 받은 듯 용맹한 무사라는 뜻.
2) 종5위에 해당하는 장관.
3) 황거.
4) 요시토모 사후 요리토모에게 전해져 미나모토 가문을 승리로 이끄는데 기여했다는 칼.

겠소?"라고 말했다. 이에 무네키요는 비밀리에 기요모리의 계모 이케노아마池尼에게 이야기하여 목숨만은 살려달라고 청하였고, 시게모리重盛, 요리모리賴盛 또한 이를 청하니 기요모리清盛는 어쩔 수 없이 사형을 면해주고 이즈伊豆의 히루가코지마蛭ガ小島에 유배 보냈다. 길가의 구경꾼이 그 풍모가 범상하지 않은 것을 보고 마음속에 희망을 품었다. 그렇지만 이케노아마와 그 옛 신하는 모두 머리를 깎고 출가하기를 권했는데 고케쓰 모리야스纐纈盛安만은 그의 귀에 대고 "도련님, 머리를 깎지 마시고 훗날을 도모하세요."라고 말했다. 요리토모는 머리를 끄덕이며 유배지로 갔다.

요리토모가 이즈에 있게 되자 이토 스케치카伊東祐親, 호조 도키마사北條時政5) 두 사람은 다이라 가문平家의 명을 받들어 요리토모를 감시했다. 처음에 요리토모는 스케치카의 집에서 기거하였는데 후에 어떤 사건을 계기로 서로 증오하게 되어 결국에는 스케치카가 요리토모를 죽이려 했기에, 요리토모는 그를 떠나 도키

미나모토노 요리토모

마사에게 의지하였다. 도키마사는 애초에 큰 인물임을 알아보고 그의 딸 호조 마사코北条政子를 요리토모의 아내로 들이게 하였다. 요리토모는 모치히토왕以仁王6)의 명이 내려옴에 따라 은밀히 도키마사와 모의하여 거병하였다. 당시 다이라노 가네타카平兼隆라는 자가 이즈의 모쿠다이目代7)*였다. 요리토모는 우선 이를 공격하여

---

5) 미나모토노 요리토모의 정실인 호조 마사코의 아버지로, 가마쿠라 막부의 초대 싯켄(執權)을 지냈다.

6) 헤이안(平安)시대 말기의 황족으로 고시라카와(後白河) 천황의 셋째 아들.

성패를 가늠하고자 도키마사 등에게 토벌을 명하였다. 이리하여 가토 가게카도加藤景兼, 가네타카를 참수하고 그 목을 갖고 가 요리토모에게 보여주며 "공이 천하를 평정하신다는 것은 이로써 가늠할 수 있을 것이오."라고 말했다.

이렇게 하여 요리토모도 300명의 기병을 이끌고 이시바시야마石橋山에 진을 쳤으나, 오바 가게치카大庭景親 등은 3,000명의 기병을 데리고 공격하여 요리토모 군을 대파하였다. 요리토모는 따르는 병사를 모조리 해산시키고 오직 도히 사네히라土肥實平와 함께 산의 협곡에 은신하였다. 가게치카는 이들을 샅샅이 찾았으나 가지와라 가게토키梶原景時 덕분에 그 위험에서 벗어나 하코네야마箱根山에 은신하다 이윽고 마나즈루사키真鶴崎에서 배를 타고 아와安房로 도망쳤다. 여기에서 이곳저곳에 서신을 전해 병사를 모으고 다시금 군대의 사기를 크게 떨쳤다.

기요모리는 이를 듣고 매우 두려워하여 손자 고레모리維盛, 동생 다다노리忠度를 보내자 요리토모는 병사 5만을 이끌고 와 공격하였다. 이렇게 되자 무사시武藏, 사가미相摸의 호걸들이 서로 알려 요리토모에게 병사를 내줬는데 그 수가 거의 12만여 명이었다. 요리토모는 즉시 가마쿠라에 들어와 막부를 세웠을 뿐만 아니라 나아가 다이라 가문의 군을 맞이하여 공격할 채비를 하였다. 아시가라야마足柄山를 넘게 되자 병사는 더욱 증가하여 20만 명이 되었다. 더욱 더 진격하여 고레모리와 후지카와富士河에 와서 진을 쳤으나 강물이 마침 불어 서로 대치한 채 전투를 하지 못했다. 그러던 중 그 선봉의 다케다 노부미쓰武田信光가 몰래 병사를 이끌고 야간에 길을 나서 적군의 후방으로 돌진하려했는데 길 도중에 큰 연못이

---

7) 율령제하의 지방관.

있어 물새가 놀라 날아가니 다이라 가문의 군인도 이를 듣고 크게 놀라 흐트러져 군인이 모조리 괴멸하였다. 요리토모는 이를 쫓아 서쪽으로 가려했으나 그 불리함을 깨닫고 병사를 이끌고 가마쿠라로 돌아왔다. 이로서 요리토모는 위세와 명성을 만방에 떨쳤다.

---

*모쿠다이(目代): 대관(代官)이라고도 한다.

제22과 미나모토노 요리토모 전 2

요리토모의 사촌 동생인 기소 요시나카木曾義仲 또한 모치히토왕 以仁王의 명령을 받들어 시나노信濃에서 거병하고 다이라 군과 계속 해서 싸운 끝에 승리하여 마침내 수도로 들이닥쳤다. 그때 기요모 리淸盛가 이미 죽고 무네모리宗盛는 전군을 총 지휘했는데 이렇게 되자 안토쿠 천황安德天皇을 섬기려고 일족을 일으켜 서쪽으로 도망 쳤다. 이리하여 요시나카는 수도를 등지고 고시라카와 법황後白河法 皇을 섭정의 관저에 모셨으며 고토바後鳥羽 천황을 간인閑院[1])에 모 셨다. 또한 귀족公卿의 관직과 작위를 박탈하고 스스로 우마야노벳 토厩別當[2])의 자리를 맡았다. 요리토모는 이에 동생 노리요리範頼, 요 시쓰네義経를 보내 이들을 토벌하게 하였는데 요시나카의 군대가 패하여 결국 요시나카는 아와즈粟津에서 전사하였다. 그의 나이 31 세였다.

노리요리, 요시쓰네는 더욱 진격하여 셋쓰攝津의 이치노타니一ノ 谷에 쳐들어가 다이라 가문을 무너트린다. 무네모리는 나아가 천황

---

1) 궁중 밖에 임시로 마련한 천황의 거처로 주로 섭정을 위한 저택으로 사용됨.
2) 간인에서 소와 말을 관리하던 관직.

을 받들고 사누키讚岐의 야시마屋島에 기거한다. 요시쓰네는 바로 진격하여 이들을 무너뜨렸다. 무네모리는 곧 나가토長門의 단노우라壇浦로 달아났는데 요시쓰네가 끝까지 쫓아가 이들을 대대적으로 공격하였다. 여기에서 니노아마二位尼는 천황을 그리워하며 바다에 몸을 던지고 다이라 가문의 무리도 더러는 물에 빠지거나 혹은 살해당하거나 붙잡혀 거의 남지 않았다. 동군東軍이 바로 위세를 떨치며 수도로 돌아왔다.

그때 요리토모는 요시쓰네의 전횡을 싫어해 가마쿠라에 들어오는 것을 허락하지 않았다. 요시쓰네는 이에 오에노 히로모토大江広元를 통해 그럴 수밖에 없었음을 호소했지만 받아들여지지 않았다. 그러는 동안 요리토모는 서찰을 여러 곳에 전해 요시쓰네를 토벌하려 했는데, 요시쓰네가 바로 사이카이西海로 도망가 그가 간 곳을 알 수 없었다. 그 후 요시쓰네는 무쓰陸奥로 달려가 후지와라노 야스히라藤原泰衡에게 의지하였지만 야스히라가 습격하여 그를 살해하고 가마쿠라에 머리를 보냈다. 혹자는 요시쓰네는 죽지 않고 에조蝦夷에 숨어 있다고 했다. 요리토모도 이에 대해 깊이 추궁하는 일이 없었다.

처음에 요시쓰네는 이미 도망친 상태였고 다이라 가문의 잔당 또한 곳곳에 숨어 천하가 크게 시끄러웠다. 이에 요리토모는 오에노 히로모토의 의견을 받아들여 주청하여 말하길 "오늘날의 계획을 이루기 위해서는 고쿠시國司3)로 슈

단노우라 전투

고守護4)를 두고, 장원에는 지토地頭5)를 취임시켜 각 지역에서 추포

시키면 천하는 앉아서 평정될 것입니다. 또한 수도 부근畿內 및 서남4도西南四道에 논밭마다 쌀 5되로 과세하고 이것을 병사의 식량으로 충당합시다.”라고 하자 조정은 마침내 그 청을 허락했다. 이로써 요리토모는 그 가신을 추천하여 슈고, 지토로 삼고 직접 이를 다스렸다. 세상 사람들은 이에 요리토모를 66지역 소쓰이부시總追捕使6)라 칭했다. 이리하여 조정은 요리토모를 정이대장군征夷大將軍에 봉해 더욱 그 책임을 무겁게 하고 진수부장군鎭守府將軍7)을 면직시켰다. 요리토모는 후에 말에서 떨어져 병을 얻어 결국에는 사망하였다. 그의 나이 53세였다.

요리토모는 타고난 얼굴은 크고 키는 작았다. 성격은 침착하고 의젓하며 도량이 커 장군들이 모두 경외하여 복종했다. 그러나 시기심이 많아, 총애가 두터운 골육* 공신이라고 해도 살육하는 일이 많았다. 처음에 요리토모의 조상이 동쪽 경계에서 거듭하여 전공을 세워 장수들은 오랫동안 미나모토 가문을 받들고 그 마음은 마치 군신과 같았다. 때문에 요리토모가 거병하여 가마쿠라에 막부를 열게 되자 병마권兵馬權은 모조리 그에게 귀속되기에 이른다. 이것이 세상 흐름의 일대 변화이다.

---

*골육(骨肉): 부자, 형제 등을 말한다.

---

3) 중앙정부에서 파견되어 지방의 정무를 관장한 지방관.
4) 각 지방의 경비, 치안을 담당하는 관직명.
5) 장원(莊園)에서, 조세 징수 및 군역(軍役) 등을 담당하는 관직.
6) 가마쿠라시대에 각 지방에 둔 슈고.
7) 나라시대부터 북방의 방위를 위해 둔 장군의 관직.

제23과 요리토모를 논하다

생각건대 요리토모가 유키이에行家, 요시쓰네義經의 죄를 물어 죽인 것은 유례없는 일이다. 요리토모는 처음 가마쿠라에 들어갔을 때부터 이미 자신의 가문을 다스릴 뜻이 있었다. 그런데 아즈마노쿠니東国의 호족 가문을 이유 없이 죄를 물어 멸망시키고 또 요시히로義廣와 전쟁을 하였으며 요시나카義仲를 토벌한 것은 모두 자신에게 해가 되지 않게 하기 위함이었다. 다이라 가문平氏이 난폭하고 도리에 어긋난다며 죄를 물어 죽여야 한다고 했지만, 거병하여 4년간 기병을 서쪽으로 진격시키지 않은 채 아즈마노쿠니의 군과 향리에 제 멋대로 실력을 행사해 탈취하고서는 자신에게 공적이 있는 자에게 나누어 주었다. 이러하니 어떻게 이를 조정의 규율*을 중시 여긴다고 할 수 있겠는가. 요리토모는 요시쓰네가 요시나카를 토벌한 것도, 일찍이 수도에 들어가 다이라 가문을 쫓아낸 것도, 조정에서 상을 받은 것도 싫어했다. 요시쓰네는 요리토모의 마음을 헤아리지 않고 상황을 모셔 조정에서 상을 받았던 것이다. 게다가 병사를 이용하는 법도 천하에 대적할 자가 없었기 때문에 이 점은 요리토모가 가장 꺼리는 바였다. 때문에 요리토모는 늘 병권을 빼앗아 그 세력을 고립시키고 다이라 가문이 멸망한 후에도 이를 계속 지속하려했다. 요리토모는 자신도 조정에 두 마음이 있었기 때문에 조정에 뜻을 두는 자를 싫어했다. 자신의 동생인 요시쓰네는 당시에 이미 조정의 신하들과 함께 수도를 지키고 있었다. 그러나 수도*를 습격하여 죽이려 했는데 이것이 어찌 신하된 자의 행위이겠는가. 요리토모는 상황上皇의 힘 없음을 이용하여 유키이에, 요시쓰네를 위협하고, 요시나카와 다이라 가문을 멸망시킨 공적이 있음을 자랑스러워했다. 처음에 다이라 가문의 병력을 무찌른 것은 요시나카의 공적이며, 마지막에 다이라 가문을 멸망시킨 것은 요시쓰네의 공이 크다고 해야 할 것이다. 요시나카를 죽이려 한 것은 호주지法住寺를 공격한 것에 대한 죄를 물은 것이 아니라 아즈마군東軍이 수도에 들어갔을 때 공교롭게도 그들이 불운한 날을 맞았던 것이다. 요리토모가 조정을 위해 그를 토벌했다는 것은 거짓이다.

혹자가 말하길 요시쓰네가 종국에는 요리토모에게 모반을 일으켰을 것이라고 한다. 그리고 요리토모가 그를 죽이려고 했던 것에는 이유가 있을 것이라고 한다. 그러나 그렇지 않다. 요시쓰네는 처음부터 요리토모에게 다른 마음은 없었다. 다만 요리토모에게 간계가 있음을 알지 못하고 옛날의 요리미쓰賴光, 요리치카賴親, 요리노부賴信처럼, 요시이에義家, 요시쓰나義綱, 요시미쓰義光처럼 형제 모두 조정의 수비만을 생각하여 요리토모의 대관代官으로서 요시나카를 무찌르고 다이라 가문을 무찌른 후 수도를 수비하여 상황의 명을 받든 것이다. 이를 요리토모가 불쾌해했기 때문에 요시쓰네는 어떻게 하면 요리토모의 마음을 얻을 수 있을까 생각했다. 그런데 노리요리範賴가 다이라 가문을 무찌를 수 없게 되자 요시쓰네는 사누키讚岐로 향했는데 와타나베渡邊에서 높은 풍랑 속에서도 제일 먼저 배를 출발시켰다. 오쿠라쿄大藏卿1) 야스쓰네泰經는 이에 간

언하기를 "요시쓰네가 생각하는 바 있어 선두에 서 목숨을 바칠 것이라 생각합니다."고 말했다. 그 생각이란 만일 이번 싸움에서 승리할 수 없다면 제일 먼저 죽을 것이고 만일 승리한다면 요리토모가 마음을 풀 것이라는 것이다. 이렇게까지 요리토모를 위해 마음을 다했지만 그럼에도 요리토모는 좋게 생각하는 마음이 없어 다이라 가문이 멸망하는 날 재빨리 그 병권을 빼앗아왔다. 이 후 요시쓰네는 수 통의 기청문起請文으로 두 마음이 아님을 아뢰었으나 조금도 용서받지 못했고, 결국에는 자객이 왔다. 이때 요시쓰네는 스스로 목을 베어 여러 해 동안 드러내 왔던 뜻은 물론이거니와 결국에는 자신의 목숨을 구하는 계략을 내는 데는 이르지 못했다. 요시쓰네는 선지宣旨를 받들어 어쩔 수 없이 출병했을 뿐이니 그 마음이 가련하기 그지없다.

혹자는 말하길 요시쓰네의 마음이 교만하고 용맹함을 믿어 스스로 과오를 범했으며, 게다가 가게토키景時가 모함했다고 한다. 또 가케토키가 요리토모에게 가담했다는 설도 있다. 노리요리가 온순하고 겁이 많아도 결국에는 죽음을 면하지 못했는데 누군가 그를 모함하여 죽인 것이다. 생각건대 그저 요리토모와 같은 자의 남동생이라는 것이 가장 어려운 일이라고 해야 할 것이다.

도쿠시요론讀史餘論

---

*조정의 규율(朝憲)
*수도(輦轂の下): 천황이 계신 곳.

---

1) 지금의 재무부장관에 해당하는 직위.

제24과 꽃의 형상

꽃의 용도는 씨앗을 만드는 데 있다는 것은 이미 자네들이 배운 바이다. 그런데 각 부분에는 씨앗을 만드는 데 반드시 필요로 하는 것이 있다. 또한 그 필요한 부분을 보호만 하는 것이 있다. 이 두 종류를 구별하려면 우선 꽃의 형상을 공부해야 한다.

지금 한 송이의 꽃을 따서 그 각 부분을 열거해보자면 첫 번째는 꽃받침이 있는데 그 각각의 조각을 악편萼片이라고 한다. 두 번째는 꽃부리로 그 각 조각을 꽃잎이라고 한다. 세 번째는 수술, 네 번째는 암술이다. 수술, 암술은 꽃의 내부에 위치하며 씨앗의 생성에 필요한 것이다. 때문에 이를 긴요기관緊要機關이라고 한다. 꽃받침과 꽃부리는 단지 그 내부의 두 꽃술만을 보호하기 위한 것으로 이 두 부분을 꽃 덮개라고도 한다.

이와 같이 수술, 암술은 꽃의 긴요기관이라 이를 상세히 연구하는 것은 매우 필요한 일이다. 지금 여기에 수술과 암술이 있다. 그 수술을 잡고 자세히 관찰하면 수술은 두 부분으로 이루어져 있다. 가는 기둥을 수술대라고 하며 그 윗부분을 꽃 밥이라고 한다. 꽃 밥은 통상적으로 2개의 낭囊을 갖고 있으며 다 자라면 대개 세로로 열려 가루를 뿜어낸다. 그 대부분은 노란색이다. 이를 꽃가루라고 한다.

또한 암술은 세 부분으로 이루어져 있다. 씨방, 암술대, 암술머리가 바로 그것이다. 씨방은 하나의 주머니로 아직 다 자라지 않은 씨앗을 그 안에 갖고 있다. 암술대는 위의 가는 부분으로, 긴 것도 있고 짧은 것도 있으며 혹은 끊어져 없는 것도 적지 않다. 암술머리는 암술대의 상단에 있으며 그 표면이 거칠거칠한데 이는 꽃가루를 편하게 받기 위해서이다.

꽃의 각 부분

그러나 꽃에는 긴요기관이나 꽃 덮개가 없는 것도 있다. 예를 들면 수국과 같은 것은 꽃받침과 꽃부리는 있지만 두 꽃술이 없기 때문에 결코 열매를 맺는 일이 없다. 또한 겹꽃*인 동백나무와 같은 것은 수술이 꽃잎으로 변화해 여러 겹의 꽃잎이 된 것이다. 혹은 꽃잎과 악편의 수가 서로 같지 않은 것도 있다. 그 크기 또한 서로 균등하지 않다. 이것은 모두 정식 꽃이라고는 할 수 없다.

정식 꽃은 어떤 것인가 하면 4개의 기관을 갖추고 그 수도 각각 서로 같고 크기도 대체로 균등한 것을 말한다. 예를 들면 꿩의 비름 꽃은 형태가 작아도 각 부분이 대단히 단순하여 꽃의 표본*으로 삼기에 적절하다. 이 꽃의 각 부분을 보면 악편, 꽃잎이 각 5개이다. 수술은 10개이며 암술은 5개이다. 이와 같이 꽃의 각 부분을 가지런히 갖춘 것을 정식이라 하며, 이것을 다른 꽃과 비교하면 그 차이를 대단히 알기 쉽다. 이러한 연구는 대단히 흥미로우니 하나의 꽃을 가볍게 보지 말고 주의 기울여 관찰해야 할 것이다.

---

*겹꽃(重瓣花): 여러 겹으로 겹친 꽃.
*표본(標本): 본보기이다.

제25과 가고시마

가고시마鹿児島는 사쓰마노쿠니薩摩国 가고시마군鹿児島郡에 있으며 가고시마만의 서쪽 해안에 위치한다. 해면에서 24정町(약 2.6km) 남짓 떨어진 곳에 사쿠라지마桜島가 우뚝 솟아 있고 그 정상은 항상 연기를 내뿜고 있다. 이 사이에는 커다란 양항이 하나 있다. 해수의 깊이는 13칸間(약 23.7m)에서 15

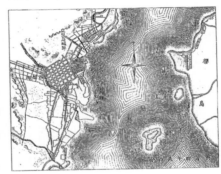

가고시마

칸間(약 27.3m) 남짓에 이른다. 여기에서 오사카大坂1)까지 해로로 약 370해리, 오키나와현沖縄県까지 약 176해리이다. 선박이 항상 왕래하며 통상이 대단히 번성한 곳이다.

시가는 해변의 평지에 위치한다. 고쓰키가와甲突川는 서북쪽에서 흘러와 시가의 서남부를 지나 하류는 바다로 흘러들어간다. 강의 넓이는 1정町(약 109m) 정도이고 4개의 대석교大石橋가 가설되어 있

---

1) 당시의 표기로, 현재는 大阪로 표기한다.

으며 시市의 면적은 47정町(약 5,127.2m)으로 인구는 5만 5천 명 정도이다.

시가는 크게 구별하여 가미마치上町, 시타마치下町, 니시다마치西田町라고 한다. 가미마치, 시타마치는 해안을 따라 있고 니시다마치는 고쓰키가와의 서쪽에 있다. 그 중 가장 번화한 곳은 시타마치이다. 아사히 거리旭通, 이즈로 거리石燈籠通, 보사도 거리菩薩堂通 등은 도로 폭이 대단히 넓다.

옛 성은 시가의 서북쪽 시로야마城山에 있으며 쓰루마루츠鶴丸城라고도 한다. 옛날 사이카이도西海道의 세력이 번성하던 시기의 번주藩主인 시마즈 이에히사島津家久[2]는 오스미노 두 지역大隅ノ二国 및 휴가노쿠니日向国의 몇 개의 군과 류큐제도琉球諸島를 합쳐 영토로 삼아 대대로 그 성주를 지냈다. 지금의 가고시마현청은 야마시타초山下町에 있다.

이 지역은 남쪽에 위치해 있어 기후가 항상 온난하다. 때문에 맹종죽, 대명죽, 귤, 향귤, 자몽류가 많다. 또 제조품으로는 장뇌樟脳,[3] 가다랑어포, 비백직물飛白織,[4] 살담배, 대나무 용기, 갈참나무 빗, 노櫓木 등이 있다. 시가 북쪽의 해안에는 다노우라田の浦라는 곳이 있다. 이곳에서 제조하는 도자기는 사쓰마야키薩摩焼라고 하며 사람들이 대단히 칭송하는 바이다.

---

2) 일본 전국시대와 아즈치, 모모야마 시대의 무장으로 시마즈 가문이 규슈 지역을 제패할 때 큰 공을 세웠다.
3) 휘발성과 방향이 있는 무색반투명 결정체. 녹나무의 잎, 줄기, 뿌리 등을 증류, 냉각시켜 얻는다.
4) 물감이 살짝 스친 것 같은 부분을 규칙적으로 배치한 무늬가 있는 직물.

제26과 새 이야기

새의 몸은 그 습성이 다르기 때문에 서로 같지 않다. 또한 그 골격*이 견고하고 가벼워 하늘을 날기에 적합하다. 날개깃축이 비어 있는 것도 이를 위해서이다. 그리고 깃털은 대단히 아름다우면서 또한 따뜻하다.

맹금류는 그 부리가 예리하고 구부러져 있어 고기를 찢는데 대단히 적합하다. 몸이 크고 깃털이 온몸을 덮고 있으며 날개와 꼬리 모두 크고 길다. 매, 부엉이, 솔개와 같은 것이 바로 이것이다. 명금류鳴禽類라는 것은 제비, 참새와 같은 것을 말한다. 다리가 짧고 가늘며 발가락 세 개는 앞에, 하나는 뒤에 있어 나뭇가지를 쥐는데 적합하다. 반목류攀木類[1]에는 두견새, 딱따구리, 앵무새 등이 있다. 다리의 힘은 강하고 4개의 발가락이 있는데 2개는 앞쪽으로 2개는 뒤쪽으로 나 있으며 각각 구부러진 발톱을 갖고 있다. 이것은 특히 나무를 오르는데 적합하다. 소발류搔撥類[2]라는 것은 비둘기, 닭, 칠면조 등을 말하는 것이다. 날개는 대체로 짧아 멀리 나는 것은 불가능하

---

1) 현재는 반금류(攀禽類)라고 한다.
2) 일반적으로 가금류(家禽類)라고 한다.

다. 다리는 강하고 크며 발톱 또한 억세다. 이 조류는 대부분 집에서 사육하는 것으로 항상 땅 위를 걸어다니며 흙을 파헤쳐 먹이를 구하기 때문에 이러한 이름이 붙은 것이다.

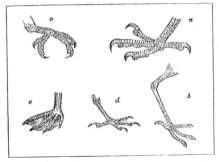

(a) 매의 발 (b) 도요새의 발 (c) 해오라기의 발
(d) 공작의 발 (e) 오리의 발

앞에서 예로 든 것은 모두 육상에서 서식하는 것인데 그 밖에 수중에서 먹이를 먹거나 혹은 항상 수중에 사는 것이 있다. 전자를 섭수류涉水類라고 하고 후자를 수금류水禽類라고 한다. 섭수류라는 것은 해오라기, 학 등의 종류로, 다리는 길고 목 또한 길다. 그들이 수중에 있을 때에는 한 다리로 능숙하게 서서 어류 등을 잡아먹는다. 수금류는 오리, 집오리, 기러기류로 항상 물 위에 사는 것이다. 체형은 넓고 평평하며 배 부분은 선박의 바닥 형태와 같고 다리는 몸의 뒷부분에 있는데 길이가 짧다. 발가락 사이에 물갈퀴* 가 있는 것이 일반적이다.

대부분의 조류는 오래 산다. 수리, 매, 부엉이 등은 백년 남짓 생존한다고 한다. 또 새 중에는 기후를 따라 이주하는 것이 있다. 제비가 봄에 오고 가을에 돌아가며, 기러기가 가을에 와서 봄에 돌아가는 것과 같은 것을 말한다. 이러한 것은 그 몸에 적합한 먹이와 기후를 찾기 위함이다.

*골격(骨格): 뼈의 조직
*물갈퀴(蹼)

제27과 병권이 무가로 가게 되다

『정통기正統記』1)를 살펴보면 도바인鳥羽院의 치세에는 모든 지방의 무사가 미나모토, 다이라 가문에 속해서는 안된다는 금지문制符이 종종 보인다. 미나모토, 다이라는 오랫동안 병권을 장악하며 조정을 섬겼으나 일이 있을 때에는 선지宣旨를 받아 모든 지방의 병사를 불러 동행하였는데 당시 갑작스레 동참하는 무리가 많아짐에 따라 이 금지문이 내려왔다고 한다.

처음에 미나모토 가문의 병권 장악은 쓰네모토経基에서 시작되었고 다이라 가문의 병권 장악은 사다모리貞盛에서 시작되었는데, 모두 덴교의 난天慶の乱2) 때부터이다. 그 후 다이라 가문에게 반란을 일으키는 신하가 있으면 미나모토 가문을 받들어* 이를 토벌했다. 미나모토 가문에 칙명을 어기는 자가 있으면 다이라 가문을 받들어* 이를 토벌하였다. 그러므로 미나모토, 다이라 가문의 개인적인 원수는 아니지만 자연스레 선조 대대로의 원수라고 생각하였

---

1) 일본 남북조시대에 기타바타케 지카후사(北畠親房)가 남조의 정통성을 서술한 역사서이다.
2) 헤이안시대에 일어난 에조(蝦夷)의 반란이다. 에조란 일본의 북방과 중부, 호쿠리쿠(北陸), 간토(関東), 오우(奥羽) 지방에 사는 사람들로 조정에서 이민족 취급을 받았다.

다. 하물며 호겐, 헤이지의 난을 거쳐 다이라 가문의 권세를 등에 업고 미나모토 가문의 흔적을 모조리 지울 때는 어떠했겠는가? 그 중 아즈마노쿠니東国의 무리가 모두 미나모토 가문에 충성을 다 한 것은 처음에 요리노부賴信, 요리요시賴義 부자가 다다쓰네忠常를 무 찔렀을 때부터이며, 이 후 요리요시, 요시이에義家 2대에 걸친 20여 년 간의 오슈奧州전투를 치르면서 그 편이 되어 자진하여 그를 추 종하려는 자가 많았다. 요리토모賴朝가 마침내 천하의 권세를 나눠 받은 것도 모두 이러한 대대로의 공적에 의한 것이다. 그 일의 연 유를 생각건대 하나는 덴교의 난에 의한 것이다. 이 난으로 인해 집권하는 사람들이 황실의 권세를 빼앗아 천황의 권위를 나날이 약하게 하고 이에 더해 군비 또한 악화시켰기 때문이다. 처음에는 마사카도將門와 스미토모純友가 서로 공모하여 마사카도는 황통이 기 때문에 제위를 얻고 스미토모는 후지藤 가문의 후손이기 때문에 집권자가 되기로 하는 등 서로 약속했다고는 하지만 배우지 말아 야 할 것으로, 병권이 무가로 가게 된 첫 번째 이유이다.

외척이 권세를 독점했을 때부터 집권자의 자리를 자신들의 가문 의 것으로 하여 직접 이를 그 자제에게 물려주게 되었다. 이리하여 조정의 모든 재상은 모두 그 일족이 아닌 자가 없었다고 한다. 모 두 그 혈족이 관官과 직職을 얻게 되고 쇼스이將帥3)라는 직책도 그 혈족에 따라 맡길 정도로 결국에는 모든 관직이 세습되고世官, 혈통 도 대대로 이어지게世族 되었다. 이리하여 또한 이에 속하는 병사도 혈족관계*에 있기 때문에 도바인 무렵에는 미나모토, 다이라에 속 해서는 안 된다는 금지문이 빈번하게 하달되었다.

천황은 미나모토, 다이라 두 가문의 병권을 해체하려고 생각하

---

3) 대군(大軍)을 통솔하는 자.

시었는데 이를 해결할 길이 어찌 없었겠는가? 그로 인해 생기는
바를 조사도 하지 않고 무리하게 제압하려 했던 것이 두 가문의 분
개를 산 것으로 이것이 바로 두 번째 이유이다.

　덧붙여 이를 논하자면 천하가 결국 무가의 세상이 된 것은 이로
인한 바, 후지 가문은 외척의 권세를 독점한 것이라고 볼 수 있다.

　　　　　　　　　　　　　　　　　　　도쿠시요론讀史餘論

---

*금지문(制符): 포고한 문서이다.
*미나모토 씨를 받들어 이를 토벌했다(源氏ニ仰セテ是ヲ討タル): 원주(原註)에는 요리노부
　(賴信)가 다다쓰네(忠常)를 토벌한 것처럼 되어 있다.
*다이라 씨를 받들어 이를 토벌했다(平氏ニ仰セテ是ヲ討タル): 원주(原註)에는 요시치카(義
　親) 시대에 마사모리(正盛)를 토벌한 것처럼 되어 있다.
*혈족관계(譜第)

제28과 가마쿠라시대 개설 1

미나모토노 요리토모源賴朝가 처음으로 막부를 열고 천하를 호령할 때부터 가마쿠라가 교토처럼 번영하자 사람들은 모두 가마쿠라 식을 좋아하게 된다. 그 이전에는 교토에서 아즈마쿠니東国의 사람을 아즈마에비스라고 하며 천시했으나 이때부터는 오히려 이를 동경하게 되었다.

그 후 고토바後鳥羽 상황은 정권을 왕실로 복권시키기 위해 군사를 보내 가마쿠라의 싯켄執權*인 호조 요시토키北條義時를 토벌하려했으나 관군이 승리하지 못하고, 요시토키가 상황 및 쓰치미카도土御門와 준토쿠順德 두 상황[1]을 먼 지방으로 유폐시켰다. 이때부터 천하의 권위는 모두 호조 가문에게 돌아갔는데 호조 요시토키는 가마쿠라의 싯켄이라 칭하며 병마권兵馬權까지도 손에 쥐었다. 그 아들 야스토키泰時는 그 뒤를 이어 새로이 법령을 정하고 백성에게 온힘을 다했으며 검약을 중시하고 호사스러움을 싫어하여 대대적으로 풍속을 고쳤다. 그 후 수대동안 야스토키의 가르침을 지키며 정사에 온 힘을 기울였고 또한 호조 도키무네北條時宗는 원나라 군

---

1) 고토바 상황의 두 아들을 가리킨다.

사를 무찌르고 나라의 위세를 해외에서도 빛내 백성들은 호조 가문에 완전히 복종하였다. 다카토키高時 때에 이르러 도무지 뜻을 정사에 두지 않고 밤낮으로 환락을 즐기니 백성들도 점차 유희에 빠져 결국에 닛타 요시사다新田義貞의 공격을 받아 멸망하였다.

요리토모는 여러 지방에 명령을 하여 논밭의 넓이별로 쌀 5되를 과세하고 군량으로 하였다. 백성들에게는 우선 군량미를 납세하게 하고 그 후에 지방관国司에게 공물을 바치도록 하였다. 또 막부의 명에 따라 무사는 모두 농민이 되었다. 먼저 다이라平 가문에 속했던 자는 다이라 가문이 멸망했어도 여전히 그 은혜를 잊지 못하여 요리토모에게 항복하지 않는 자가 있었는데 이들 또한 농민으로 삼았다. 요리토모는 또 명을 내려 무사와 농민을 구분하고 농민에도 등급을 두었으며, 여러 가문의 하급 관리를 상위직으로 하고 영주의 대관庄官*을 그 아래 계급으로 하였다. 호조 가문에 이르러서 오직 농사에 힘을 쏟아 무사시노武藏野와 다마군多摩郡의 광야를 개간하였으며 또한 무위도식하는 무리를 농업에 힘쓰게 했다. 한편 백성들에게 거두는 조세를 가볍게 하여 백성들이 생업을 기꺼이 하게 하였다.

그 당시 물건을 살 때에는 돈 또는 직물을 사용하였다. 금과 은도 있었지만 대부분은 선물 등의 용도로 사용하고 물건을 사는 도구로는 사용하지 않았다. 그런데 금과 은은 시가에 변동이 있어 이를 사고팔아 이익을 챙기는 자를 세상 사람들은 금상인金商人이라고 했다. 미나모토노 요시쓰네源義經가 금상인인 기치지吉次를 따라 무쓰陸奥에 갔다는 이야기도 있는데 당시에는 금상인이 여러 지역을 활발히 왕래하였다. 야스토키는 가마쿠라 상인의 수를 정하고 호조 토키요리北条時賴는 여러 지방에 술 판매를 금지하도록 명하였고 또한 물가의 제한도 정하였다. 석탄 한 짐 가격을 백 푼文으로 정하고 장작 세 뭉치 가격을 백 푼文으로 하는 것이 그 예이다. 그러나 후에는 물가를 제어할 수 없다는 사실을 알고 그 제한을 폐지한다. 도키무네는 가마쿠라에 사는 상인의 거처를 9군데로 정하여 각지에 가게를 열게 하였다. 그 이전에는 무사와 공상인의 집이 혼재해 있었는데 이때에 이르러서 비로소 가마쿠라의 상인은 가게를 줄지어 열게 된 것이다. 또한 교토, 가마쿠라의 시내에서 물건을 파는 장소로 전매 장소 7곳이 있었는데 이를 7좌七座라고 한다. 석탄좌, 쌀좌, 비단좌 등과 같은 것이 그 예이다. 좌를 가질 수 없는 소상인에게서 물건을 사는 것을 수매手買라고 하며 다른 곳에서 와서 물건을 파는 것을 행상이라고 한다.

---

*싯켄(執權): 장군의 아래에서 정사를 보는 제1의 관직.
*원구(元寇): 중국 원나라 때 일본에 군대를 보낸 것을 말한다.
*영주의 대관(庄官): 장원을 담당한다.

제29과 가마쿠라시대 개설 2

호조 가문이 병마권을 잡고 나서 역참宿驛에는 바샤쿠馬借를 두고 항구에는 가시아게借上를 두었다. 가에센替錢, 도이마루問丸라는 것도 있었다. 바샤쿠란 여행객에게 말을 빌려 주고 그 임대료를 받는 것이다. 가시아게는 돈을 빌려주고 이자를 받는 것이다. 가에센은 자신의 돈을 맡기고 그 돈을 다른 항구에서 수취하는 것, 지금의 환爲替金과 같은 것이다. 도이마루는 곳곳의 항구에서 배에 실어오는 물건을 맡아두고 그 소유주가 오는 것을 기다리는 것으로 지금의 해상운송대리업자船問屋와 같은 것이다. 이들은 모두 교환권切符을 증거로 삼았으며 이로 인해 여러 상인이 대단히 편리할 수 있었다.

서적을 출판하는 것은 언제쯤부터 시작되었는지 명확하지는 않지만 이즈음부터 조금씩 세상에 나왔다. 요리토모賴朝가 죽었을 때 불법을 닦으려고 인본摺寫한 5부의 대승경을 공양했다는 이야기도 있다. 인본이란 인쇄된 책을 말한다. 또 고토바 상황은 도검 만드는 일을 즐기시어 여러 지방에서 많은 검공劍工을 불러들이셨다. 상황이 친히 단련한 검을 고쇼기타이御所鍛라고 하며 그 중 칼 줄기에 국화꽃을 새긴 검을 기쿠노고사쿠菊ノ御作라고 한다. 또 그 즈음은 사루가쿠猿樂,[1] 덴가쿠田樂,[2] 효시기拍子木[3] 등과 같은 것이 있었는데 그 중 효시기는 특히 세상에 널리 알려졌다. 야스토키는 싯켄이 되자 오로지 검약을 주된 뜻으로 삼았기에 그 후 사람들은 가무를 즐기지 않았으나 다카토키 대에 이르러 그가 특히 덴가쿠를 좋아하자 교토, 나라의 덴가쿠시[田楽師][4]는 대부분 가마쿠라에 모였다고 한다.

무사는 항상 히타타레[直垂],[5] 스오[素襖][6] 등과 같은 옷을 입었으며 서민은 스오 또는 데나시[手無し]라고 하는 것을 입었다. 이 데나시라는 것은 옷의 소매가 없는 것으로 옛날의 누노카타기누[布肩衣]라고 하는 의복에서 비롯된 것이다. 무사 중에도 데나시를 입는 사람이 있었다고 한다. 부녀자는 밖에 나올 때 의복으로 머리를 덮는데 이것을 무시타레가사[ムシ垂笠]라고

무시타레가사를 쓴 부인

한다. 무시타레가사는 비단을 갓의 끝에서 늘어트려 앞부분만 빼고 전체의 모습을 가리는 도구이다. 당시 새로 제작된 의복은 별로 없었으나 다만 이 무시타레가사만은 이 시대에 처음으로 입었던 것이다.

---

1) 가마쿠라시대의 익살스러운 연극.
2) 농악에서 발달한 무용의 한 종류.
3) 짝짜기.
4) 덴가쿠를 전업으로 하는 사람.
5) 소매 끝을 묶는 끈이 달린 옛날 의복.
6) 가문(家紋)이 있는 마소재의 의복.

제30과 과실 이야기

　과실이란 씨방이 성숙한 것을 말한다. 혹은 씨방에 붙은 꽃받침이 과실의 일부가 되는 경우도 있다. 사과, 배와 같은 과일의 과육은 대개 꽃받침으로 이루어진 것이다. 때문에 통상 세상 사람들이 과실이라고 칭하는 것도 자세히 살펴보면 진짜 과실이 아닌 것이 많다.

　과실에는 육과, 핵과, 건과 등의 종류가 있다. 육과란 씨방의 외피가 성숙해짐에 따라 두꺼워지면서 동시에 부드러워지는 것이다. 배, 사과, 호박, 오이, 포도와 같은 것이 이것이다. 핵과란 외부가 육질이며 그 속에 단단한 열매를 가진 것을 말한다. 매실, 복숭아, 자두와 같은 것이 이것이다. 건과에는 그 조직이 엽질葉質인 것도 있다. 얇은 막질膜質인 것도 있다. 혹은 전체가 단단한 것도 있다. 혹은 익은 후에 그 외피를 찢어 벌리는 것도 있다. 밤, 개암나무, 떡갈나무 열매, 완두콩, 강낭콩과 같은 것은 모두 이 종류이다.

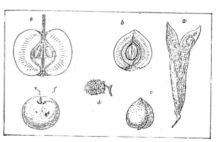

(a) 완두, (b)(c) 복숭아, (d) 뽕나무, (e)(f) 배

그 외에 취합과라고 하는 것이 있다. 뽕나무 열매와 같은 것은 무수한 과실이 모여 하나를 이루며 다육 꽃대 위에 붙어 있는 것이다. 소나무, 삼나무의 과실도 또한 이 종류로서 그 과실은 각각 비늘조각모양으로 여러 겹이며, 서로 누르면서 공 모양을 이루고, 익어서 마르게 되면 각 비늘조각이 떨어져 열려 그 안쪽에 붙어 있는 씨와 함께 떨어진다. 그 씨는 날개가 있는데 바람을 타고 멀리 흩어지게 하기 위함이다.

과실이 흩어져 퍼지는 방법은 기이한 것이 더더욱 많다. 어떤 것은 가시, 어떤 것은 갈고리가 있어 동물의 털가죽에 붙는다. 또 어떤 것은 과실 겉에 융모가 달려 있다. 어떤 것은 과실의 외피를 갑자기 열어 씨를 흩뿌린다. 또 어떤 것은 향기, 단맛으로 조류를 유인해 새가 이를 쪼아 부드러운 부분은 위 속에서 소화되고 그 단단한 씨를 곳곳에 흩트려 떨어뜨리게 한다. 그 외에도 이러한 종류가 매우 많다.

제31과 타조

아프리카에는 사막이 많고 광활하여 이곳을 여행하는 사람은 땅 끝을 보는 일이 없고 그 시야를 가리는 것은 겨우 오아시스Oasis* 속에 바로 서 있는 야자나무와 곳곳에 무성한 마른 풀뿐이다. 이렇게 황량한 들판이지만 이곳에 서식하는 동물이 있다. 타조가 그 중 하나이다.

타조는 조류 중 가장 큰 것으로 높이 7~8척尺(약 2.12~2.42m)이며, 그 목은 길고 다리는 튼튼하다. 이 새는 깃털이 전체를 덮지 않고 단지 가는 털이 빽빽이 나있을 뿐이다. 그리고 날개와 꼬리에 털이 있는데 그 날개가 매우 작아 날기 위한 용도는 아니다. 다만 도망칠 때 날개 짓으로 도움을 줄 뿐이다.

타조

이 새는 항상 무리지어 생활하는 동물로 한 무리가 12~13마리이며 둥지를 만들지 않고 모래 속에 구멍을 파 이를 둥지로 삼는다. 암컷은 알을 낳으면 부화할 때까지 항상 그곳에서 알을 품고 하루 중 가장 뜨거울 때 외에는 그곳을 떠나는 일이 없다.

타조는 빨리 달리기 때문에 이를 사냥하는 것이 대단히 어렵다. 타조가 달릴 때는 1장丈(3.03m) 남짓의 거리를 한 번에 뛰어 준마도 따라가지 못할 기세이다. 그러나 타조는 항상 곡선으로 달리기 때문에 사냥꾼은 이를 빨리 쫓지는 못하고 다만 말을 타고 직선으로 2~3일간 그 흔적을 쫓을 뿐이다. 이렇게 하면 타조는 마침내 기운이 빠져 마른 풀 속에 숨거나 혹은 모래 속으로 머리를 묻는다. 이에 사냥꾼은 바로 타조를 잡아 죽인다.

타조는 이렇게 크고 강한 새이지만 또한 쉽게 길들일 수도 있어 남아프리카에서는 300마리 남짓의 타조를 사육하는 자도 있다. 이렇게 타조를 사육하는 것은 그 털을 잘라 얻기 위함으로 양치기가 양털을 깎는 목적과 같다. 그리고 그 털은 대부분 모자의 장식 등을 위한 것이다.

---

*오아시스(オアシス): 사막 가운데 약간 비옥한 땅으로 초목이 자라는 곳이다.

제32과 늙은 농부의 말

　어느 곳에 한 늙은 농부가 있었다. 어느 날 자손을 모아 놓고 말하길, "내가 젊었을 적에는 게을러 일을 할 생각이 없었고 어쩌다 일을 하게 되어도 모두 다른 사람을 위해 노동한다고 생각했었지. 그런데 오늘과 같이 내가 농사를 짓게 된 것은 전적으로 물속의 물고기와 하늘의 새로부터 배운 것이라 할 수 있네.

　어느 날 물고기를 잡으러 계곡 물가에 앉아 놀고 있었는데, 그 물 속에는 수많은 작은 물고기가 노닐고 있었지. 그 중 한 마리는 안전한 곳에서 새끼*를 낳으려 빈번하게 작은 돌을 옮기고 있었네. 이것을 옮기기 위해 어떻게 하나 보니 그저 입과 몸을 사용할 뿐이었어. 조금 있다가 작은 새가 날아와 내 옆에서 울고 있었는데 바로 날아가 수풀 속에 들어갔지. 내가 계속 주시하고 있자니 그 새는 부리에 이끼류를 계속 물고와 그것으로 둥지를 만들려고 했네.

　이때 나는 물고기 잡는 일을 잊고 그저 새와 물고기가

하는 행동만을 주의해 보았어. 그리고 이들 물고기와 새는 모두 수족을 사용하지 않지만 그 노동은 오히려 나를 능가하는 것이라 생각했지. 지금 내 손을 보건데 움직이는 것이 자유로울 뿐 아니라 손가락도 자유자재로 폈다 오므릴 수 있는 것이었다. 때문에 물건을 집고 휴대하는 것과 같이 모두 뜻대로 되지 않는 것이 없더구나. 또한 보행을 하고 혹은 노동을 하는데 능히 이를 사용할 수 있게 하는 신체가 있다. 그 신체에는 수족이 달려 있기 때문에 높은 곳에 오를 수 있고 낮은 곳으로 내려 갈 수 있으며 무거운 것을 지니고 가벼운 것을 들 수 있는 등 모두 뜻대로 되지 않는 것이 없더구나. 그렇다고 인간이 태만하게 생존을 할 수 있는 것이 아니다. 나와 같은 사람은 물고기나 새에게 부끄러워야 해야 할 점이 무척 많지. 이리하여 이전의 나의 잘못을 깨우치고 분발하여 황무지를 개간하고 그 경작에 힘을 쓰고 한시도 게으름을 피우지 않았더니 결국 오늘날에 이르렀네.

그러니까 자네들도 노동이 힘들다는 생각이 들면 마땅히 밖으로 나가 동물의 습관을 주시해 보아야 할 것이네. 개미는 식량을 비축하고, 조류는 둥지를 만들며, 벌은 꿀을 모으는데 이 모두 우리들의 좋은 스승이자 벗이라 하지 않을 수 없다. 이렇듯 동물이 노동을 하는 것은 그 행복을 구하고자 함이기에 인류도 또한 게으름을 부려서는 안 될 것이야. 태만은 불행의 근원이네. 자네들, 이를 가벼이 여겨 간과하지 말게."

---

*새끼(魚仔): 물고기 새끼

제33과 잔가지

一

잔가지에 머무는 작은 새 조차 예를 아오.
도리를 가르쳐 준 그 사람을 잊지 마시게.

二

우리 집에서 키우는 개조차도 은혜를 아오.
당신에게도 쓸 수 있는 힘이 있소, 최선을 다하시게.

제34과 기관 및 식도

우선 음식은 입으로 먹어 목으로 넘기는 것으로 이 까닭부터 말해보자면 일반적으로 사람의 목 안은 인두와 후두 두 갈래로 길이 나뉘어 있다. 우선 인두라는 것은 폐로 이어져 있고 천지의 기운을 코와 입에서 폐로 받아 저장하는 곳이기에 공기를 받는 관이라는 뜻으로 기관氣管이라고 하며 혹은 기도氣道라고도 한다. 또한 후두라는 것은 위장으로 이어져 있고 이는 음식을 위장에 받아 저장하는 길이기 때문에 위관胃管이라고 하며 또한 식도食道라고도 한다. 다만 기관과 위관은 앞뒤로 붙어 있는 것으로 그 중 기관 쪽은 항상 호흡을 하고 있는 까닭에 단단하게 벌어져 있지만 위관 쪽은 부드러우며 이는 음식을 삼킬 때만 열리고 평상시에는 딱 닫혀 있는 것이다. 가까이는 오리와 같은 것을 요리해 봐도 알 수 있다. 목 안에 단단한 관과 부드러운 관이 있는데 서로 붙어 있으며 그 단단한 쪽은 폐로 이어지고 부드러운 쪽은 위로 이어져 있는 것을 명확히 알 수 있다.

이처럼 위胃는 호흡하는 관과 붙어 있고 입에서 하나가 되는 상태인데, 그 상태라는 것은 이미 언급한 대로 호흡을 하는 기관 쪽은 항상 열려 있지만 음식을 삼키는 위관 쪽은 음식을 삼킬 때 음식이 그곳을 열고 지나가기 때문에 호흡을 하는 기관 쪽을 눌러 막아 잠시 호흡을 멈추고 음식이 기관 쪽으로 섞여 들어가지 않도록 되어 있는 것이다. 그 구조는 뭐라 말할 수 없는 기묘한 구조이다. 떡 같은 것이 여기에 붙거나 그 밖에 큰 것, 단단한 것 등을 삼키려고 해서 식도를 막으면 기관 쪽이 막히게 되고 호흡이 멈추기 때문에 죽는 것이다. 이것을 염두해 두는 것이 좋을 것이다.

그런데 그 속에 붙어 있는 것은 울대뼈라는 것으로 속칭 목젖이라는 이름이 붙은 것이다. 이 속에 있는 것은 잠깐 손을 대고 침을 삼켜보면 알 수 있다. 위에서 언급한 구조 때문에 무언가 말하면서 음식을 먹을 때에는 호흡으로 인해 기관이 벌어진다. 그래서 음식이 잘못하여 기관 쪽으로 섞여 들어가면 목이 메는 데 바로 이러한 연유에 의한 것으로 먹으면서 말을 하는 것은 조심해야 할 일이다.

시즈노이와야志都能石屋

제35과 기구 이야기

여러분은 그림에 그려져 있는 기구風船의 형태를 본 적이 있을 것입니다. 기구는 두 부분으로 되어 있습니다. 그 위쪽은 등자나무와 같은 형태의 주머니이며 아래 부분은 바구니와 같은 것으로 그것을 배라고 합니다. 이 큰 주머니 속에는 가스가 들어 있고 배에는 2~3명을 태우며 또한 그 사람들에게 필요한 도구 등을 넣을 수 있는 여유가 있습니다.

오늘날에는 이 주머니를 채우는데 일반적으로 석탄가스를 이용합니다. 석탄가스도 기구용은 각별히 주의하여 일반적인 가스보다 가볍게 만든다고 합니다. 그래도 수소는 만물 중에서 가장 가벼운 것이기 때문에 옛날에는 이를 기구에 사용했다고 합니다.

가장 처음 만든 기구에는 석탄가스도 수소도 사용하지 않고 그저 일반적인 공기를 가열하여 가볍게 한 것을 주머니에 넣었다고 합니다. 그

기구

주머니는 타원형의 물건으로 종이나 비단과 같이 가벼운 것으로 만들고 그 아래 부분은 넓은 구멍이 뚫려 있어 구멍 아래에서 짚 같은 것을 태우면 주머니 속의 공기는 점차 뜨거워져 마침내 기구는 공중으로 올라가게 되는 구조입니다.

이 기구는 열기구火風船라고 하며 지금으로부터 90년 전에 프랑스의 몽골피에Montgolfier라는 사람이 발명한 것으로, 오늘날에도 아이들의 장난감으로 이용되는 곳도 있다고 합니다. 다만 오늘날에는 주머니 속의 공기를 가열하기 위해서 짚 등을 사용하지 않고 알코올*에 적신 해면을 태우게 되었습니다. 옛날의 방법으로는 열기구라 칭할 정도로 때때로 화재가 난 적도 있었다고 합니다만 알코올을 이용하게 되고나서 상당히 안전해졌습니다.

일반적으로 기구는 무슨 용도로 사용되는가 하면 주로 유희를 위해서 사용되는 물건입니다. 그러나 때로는 적의 진영 안의 모습을 살피기 위해 사용되는 일도 있습니다. 나폴레옹Napoleon 3세는 어떤 전쟁에서 이를 사용해 크게 도움을 받았다고 합니다. 또한 공기의 한기나 열기 등을 조사하기 위해 기구를 타고 매우 높은 곳으로 올라간 사람도 있습니다. 수년 전 어느 나라에서 어떤 사람이 직접 두 사람을 데리고 3마일 가량의 높이까지 올라갔는데 그곳이 뭐라 형용할 수 없을 정도로 추운 탓에 상당히 고생을 했기에 지면까지 무사히 내려왔을 때의 마음이 얼마나 기뻤을지 상상할 수 있습니다.

최근까지는 기구를 타도 그저 오르락내리락 할 뿐 그 진로를 자유자재로 바꿀 수 없었기 때문에 바람을 타고 어디로 갈지 알 수 없었습니다. 상당히 위험했습니다만 최근 한 학자가 기구를 개량한 끝에 진로를 자유자재로 바꿀 수 있게 되었다고 하니 이제 앞으로는 그 효용도 훨씬 커지겠지요. 그러나 오늘날에도 조금 좋은 기구를 만드는 데에는 수천 원의 비용이 든다고 하니 이 개량 기구를 만드는 것은 좀처럼 쉬운 일이 아니겠습니다.

여러분이 가장 이해하기 어려운 점은 왜 기구가 공기 중으로 올라갈 수 있는가 하는 것이겠지요. 그것은 돌 같은 것이 아래쪽으로 떨어지는 것과는 달리 연기나 날개와 같은 가벼운 물건이 위로 올라가는 것과 같은 이치입니다. 그러나 이것만으로는 완전히 이해하기 어려우므로 지금 조금 더 명확히 설명하겠습니다.

액체와 가스는 항상 움직여야 하는 성질을 가지고 있기 때문에 이를 유동체라고 합니다. 그래서 두 가지 유동체를 한 곳에 두면 모두 움직여 가벼운 쪽이 반드시 그 표면으로 떠오른다는 사실은 모두 잘 알고 있을 것입니다. 이 점은 유동체끼리뿐만 아니라 고형체와 유동체의 사이에서도 잘 적용되는 법칙입니다만 지금 여러분의 이해를 돕기 위해 우선 유동체끼리의 예를 들어 설명해보겠습니다. 여기에 적은 양의 기름을 물에 뿌리면 기름은 원래 물보다 가벼운 것이기 때문에 저절로 표면에 떠오릅니다. 몇 번이나 이것을 어떤 식으로든 휘저어 섞어도 시간이 조금 지나면 다시 두 개로 나뉘어 기름은 역시 위쪽으로 뜨고 물은 아래쪽으로 가라앉습니다. 또한 하나의 병 안에 다양한 무게의 액체를 따라 넣으면 그 액체가 층을 이루면서 그 경계가 명확히 나뉘게 됩니다. 다음으로 유동체와 고형체의 예를 이야기하면 코르크Cork를 물속에 넣었을 때와 같은 이치로, 코르크가 수면에 떠오르는 것은 코르크의 무게가 그것과 같은 용적의 물보다도 가볍기 때문입니다.

열기구가 공중에 올라가는 것도 이와 같은 이치입니다. 어떻게 된 이유인가 하면 주머니 속에 있는 가열된 공기는 이것과 같은 용적의 바깥 공기보다도 가벼워져 바깥 공기의 위로 떠오르려 하는 것입니다. 그 가벼워진 쪽에서 상당한 중량의 물건을 끌어 올릴 수 있기 때문에, 앞에서 언급한 최초의 열기구는 500파운드의 무게를 끌어올렸다고 합니다.

여러분은 기구를 탄 사람이 어떻게 마음대로 오르내릴 수 있는 지 알고 있습니까? 아마도 이를 아는 사람은 없으리라 생각합니다. 일반적으로 기구의 바구니에는 미리 모래주머니를 가득 넣어 둡니 다. 그렇기 때문에 기구를 올리려고 하면 모래주머니를 내던져 배 를 가볍게 합니다. 또한 공중에 올라간 후 지면으로 내려오려고 할 때에는 주머니의 맨 위에 있는 작은 마개를 열어 가스를 어느 정도 밖으로 새나가게 합니다. 그러면 외부 공기와 대개 균형이 맞기 때 문에 자연스럽게 내려오게 되는 것입니다. 이 작은 마개를 판辦이 라고 하며 긴 줄이 붙어 있기 때문에 배 안에 있어도 자유자재로 이 판을 열고 닫을 수 있습니다.

기구는 너무 지나치게 높이 올라가면 그 주머니가 파열되기 때 문에 실로 무서운 것입니다. 그렇기 때문에 이를 방지하기 위해서 는 주머니 속에 가스를 가득 넣어서는 안 됩니다. 가스가 80% 정 도라도 점점 위로 올라가면 점차 팽창하여 주머니가 팽팽해집니 다. 왜냐하면 높이 올라갈수록 공기가 점점 희박해져 여러 물체를 누르는 힘이 약해지기 때문입니다. 이리하여 주머니 속의 가스가 크게 팽창하면 마침내 그 주머니가 찢어지는 일도 있습니다.

---

*알코올(酒精): 소주의 종류

제36과 나카쿠니가 칙사로서 고고노 쓰보네를 방문하다

　때는 8월 10일 무렵, 달은 아주 밝았으나 눈에는 눈물을 머금어 흐릿하게 비추는 하늘이고 밤은 깊어 인적이 없어, 천황이 "거기 누구 있느냐, 오너라, 누구 있느냐"고 부르셔도 대답하는 자 없었다. 마침 단조쇼히쓰彈正小弼[1] 나카쿠니仲國가 떨어진 곳에서 "예, 나카쿠니 대령이요."라고 했다. "가까이 오라. 내가 너에게 내릴 말이 있도다."라고 명하셔 앞으로 나아갔다. 가까이 부르시어 "어떠냐. 너는 고고小督가 간 곳을 아느냐?"라고 물으시니 "어찌해서든 알아보아 말씀 드리겠습니다". 거듭 "정말인가?"라고 물으시니 "고고는 사가嵯峨의 주변 가타오리토片折戶[2]가 있는 집에 있다고 들었습니다만 그 집 주인의 이름까지는 모르겠습니다."라고 대답한다. "그렇다면 더욱 자세히 알아 오거라. 네가 주인의 이름조차 모른다 하더라도 찾아나서야 한다."고 말씀하시니 "사가는 넓은 곳이며 그곳의 이름도 모르지만 어떻게든 찾아드리겠습니다."고 말씀드렸더니 천황께서 이윽고 눈물을 머금으셨다.

---

1) 율령제 관직 중 하나이다.
2) 한쪽만 열리도록 만든 문.

나카쿠니가 이를 보고 대단히 슬프게 생각하였는데 사실 고고님이 거문고를 연주하실 때에는 반드시 나카쿠니를 부르시어 피리를 불게 하였다. 그 거문고 소리는 어디에서 듣더라도 확실하게 알 수 있는 것을. 오늘 밤은 그 유명한 8월 15일의 달밤이다. 그 날은 구름 한 점 없고, 고고는 천황을 그리워하시어 거문고를 연주하시지 않는 날이 없었다. 사가가 넓더라도 생각건대 집이 얼마나 있겠는가. 왕실의 일은 확실해야만 해서 나카쿠니는 돌아다니며 거문고 뜯는 소리를 수소문하였다. 따라서 오늘 밤 찾지 못하면 5일이건, 10일이건 물으며 다니려고 했다. 미나모토노 히로마사源博雅는 3년 동안 아후자카会坂의 초가집을 다니며 류센流泉, 다쿠보쿠啄木 2곡을 들었다는 이야기가 있듯이[3] 찾지 못할지라도 계속 물으며 다닐 것이다. 만약 찾아서 만난다고 하더라도 서신 없이는 헛된 일이라고 생각하실 거라 말씀드렸더니 천황께서 "과연 네 말대로구나."라고 대단히 기뻐하시며 친히 서신을 써 나카쿠니에게 내리셨다. 거리도 멀고 하니 관아의 말을 타라고 말씀하셨다. 나카쿠니가 밝은 달 아래 채찍을 들고 서쪽을 향해 정처 없이 떠났다.

8월 중순이 되었기 때문에 길가 잔디에 내려앉은 이슬의 색이 달에 옥을 놓은 듯 밝았다. 비록 내가 아리와라노 나리히라在原業平[4] 아니지만 그가 "숫사슴 우는 그 산골 마을"이라고 읊었는데 사가 주변의 가을 무렵도 필시 애달프게 생각했을 것이다. 가타오리토가 있는 곳을 발견하면 그 집에 계시지 않을까하여 삼가 물었지만 거문고를 연주하는 곳은 없었다. 돌고 돌아 2, 3번 또 물어봐도 지치기만 할 뿐 보람이 없었다. 천황께서는 넋을 놓고 계시어 말씀

---

3) 미나모토노 히로마사는 헤이안시대의 가인 세미마루(蟬丸)에게 3년간 다니며 류센과 다쿠보쿠를 전수받았다는 이야기가 전해진다.
4) 헤이아시대의 가인으로 와카의 명인으로 추앙받고 있다.

을 드릴 수 없었다. 그런데 덧없이 돌아간다면 오히려 가지 않은 것보다 못할 것이다. 이제 어디로 가야 할까 아무리 생각해보아도 천황이 다스리시는 땅 안에서는 찾을 수 없었다. 몸을 숨기실 만한 곳도 없었다. 그런데 천황폐하가 탄식을 하실 것이고 아무도 위로해 줄 사람이 없다고 생각하니 그저 가리기누狩衣의 소매를 졸라맨 채 한 동안 서 있을 수밖에 없었다. 여기에서 호린法輪*은 꽤 가까우니 그곳으로 가야겠다 생각하며 그쪽을 향해 걸어갔다.

가메야마亀山 근처에 소나무 한 그루가 있는 쪽에서 희미하게 거문고 소리가 들려온다. 산봉우리에서 내려오는 거센 바람인지, 소나무의 바람인지, 지금까지 찾고 찾았던 고고님의 거문고 소리인지, 어렴풋해 말을 빨리 몰아가니 가타오리토의 안쪽에서 청아한 거문고 소리가 들려왔다. 대문 손잡이를 움직여 들어보니 고고님의 거문고 뜯는 소리가 분명했다. "무슨 연주입니까?" 물으니 "남편을 그리워하며 읊는 소후렌想夫戀이라는 노래*입니다."라고 했다. 나카쿠니가 급히 말에서 뛰어내려 피리*를 꺼내 맞춰보며 다가가 문을 쿵쿵 두드리니 거문고 연주를 그만두셨다. "천황께서 이 나카쿠니를 칙사로 보내셨습니다." 하며 문을 열어 달라 해도 대답하는 자가 없었다. 잠시 지나 자물쇠를 풀어 문을 조금 열고 앳된 시녀가 얼굴만 내밀며 "사람 잘못 찾으셨어요. 다른 곳이에요. 비천한 암자라 그렇게 대궐에서 사람을 보내실만한 곳이 아니에요."라고 한다. 나카쿠니는 어떻게 해야 문이 잠기지 않을까 생각했는데 시녀가 문에 자물쇠를 채우기에 이대로는 안 되겠다 생각하고 문을 밀치며 들어갔다. 문 가장자리에 서서 말씀드리기를 "어떻게 이러한 곳에 살고 계십니까? 천황폐하는 상사병을 앓고 계셔 조금도 수라를 못 드시고 잠도 못 이루시고 생명이 위태로워 보일 정도입니다. 이렇게 말씀드리면 거짓이라 여기실까 친서를 드립니다."라

며 꺼내 바쳤다. 그곳에 있던 시녀가 받아서 고고님께 갖다 드렸
다. 서둘러 열어보시니 정말로 천황의 친서였다. 모든 것이 애달파
지셔 서신을 얼굴에 대시고 "어찌하면 좋으냐."며 우셨다.

겐페이세이스이키源平盛衰記

---

*호린(法輪): 절 이름
*소후렌(想夫戀): 노래 이름
*피리(橫笛)
*앳되다(イタイケ): 어린이 같은 모습

(원전)
고등소학독본 권3

高等小學讀本

三

明治廿年六月廿日版權所有屆

明治廿二年一月二十三日出版

文部省總務局圖書課藏版

發賣所　東京市京橋區銀座壹丁目二十二番地　大日本圖書會社

發賣所　大坂市東區上難波南ノ町七十二番屋敷　仝　支　社

〔定價金拾五錢〕

ヤツヤ供御モ聞召サズ打解ヶ御寢モナヲセ給ハネバ御命モ危ク

見エサセ給フ者ヲ斯様ニ申シ侍ラバウハノ空ニヤ思召サルラ

ン御書ノ侯フトテ取出デ、是ヲ奉ル有リツル女房取次ギテ小督

殿ニ進ラスル急ギ披キ見給ヘバゲニモ君ノ御書ナリケリ哀ニ忝

クオボシケレバ御書ヲ顏ニアテ給ヒ、イカニセントゾ、泣キ給フ。源

平盛衰記

法輪寺名
ヤウヂヤウ 横笛ナリ。

想夫戀 樂ノ曲名ナリ。

イタイケ 小兒ラシキ様子。

高等小學讀本卷之三 終

程ニ、片折戸ノ内ニ琴ヲゾ彈キ澄マシタル手綱ヲユヽヘテ聞キケ
レバ、少シモ違フベクモナキ、小督殿ノ爪音ナリ。樂ハナニゾト聞キ
ケレバ、夫ヲ想ヒテ戀フト讀ム、想夫戀トイフ樂ナリ。仲國急ギ馬ヨ
リ飛ビテ下リ、ヤウヂヤウヌキ出ダシ、チト合ハセテ立チ寄リ門ヲ
ホトヽヽト扣ケバ、琴ヲバ彈キヤミ給ヒケリ。内裏ヨリ、仲國御使ニ
參リ侍リ、アケサセ給ヘ御氣色申サントイヘモ答フル人モナシ。良
アリテ鑰ヲハヅシ門ヲホソメニアケテ、イタイケシタル小女房顏
バカリ指出ダシ、人違ヘ歟所違ヘ歟、アヤシキ賤ガ菴ナリ。ザヤツニ
内裏ヨリ御使給ハルベキ所ニ侍ラズト云ヒケレバ、仲國中々トカ
ク返事セバ、門、タテ鑰サシテ、惡カリナントト思ヒケレバ、押シ開キテ
ヅ入リニケル妻戸ノ緣ヨリ居テ申シケルハ、イカニ斯樣ノ御住
マヒニテ、オハシマシ候フヤラン、君ハ御故ニ思召シ入ヲセ給ヒツ

ヌ在原業平ガ男鹿啼ク其山里ト詠ジケン嵯峨ノアタリノ秋ノ頃

サコソハ哀ニ覺エケメ片折戸シタル所ヲ見附ケテハ此内ニモヤ

御座スラント控ヘ開キケレヒ琴彈ク所モナカリケリ打廻リ、

打廻リ二三返マデ聞キケレヒ我ノミ疲レテ甲斐ゾナキ内裏ヲバ、

ヨニモ憑シゲニ申シテ出デヌサテ空シク歸リ參リタヲバ中々參

ラザルヨリモ惡シカルベシ是ヨリ何方ヘモ落チ行カバヤト思ヘ

ヒ、イヅクカ王土ニアラザル身ヲ隱スベキ宿モナシ扱又君ノ御曠

キ誰人カ慰メ進ラセント思ヒケレバ貝狩衣ノ袖ヲ絞リテ艮久シ

クゾ立チヤスラフ是ヨリ法輪ハ程近ケレバソモ參リ給ヘルコモ

ヤトテ、ソナタヘ向キテ、アユマセ行ク。

龜山ノアタリ近ク松ノ一叢アル方ニ幽ニ琴コソ聞エケレ峰ノ嵐

カ松風カ尋ヌル君ノ琴ノ音カト覺束ナク思ヒ駒ヲハヤメテ行ク

二聞キ知ランズル者ヲ、今夜ハ名ニシ負フ八月十五ノ月ノ夜ナリ。

折節空モ陰リナシ、君ノ御事、思召シ出デ、琴、彈キ給ハヌ事ヨモア

ラジ、嵯峨ノ在家廣シトイヘド、思フニ幾程カアルベキ、王尋ネイフ

ナシ、打チ廻リテ琴ノ孤音ヲシルベトシテ、ナドカ尋ネ逢ヒ進ラセ

ザルベキ、縦ヒ、今夜叶ハズバ、五日モ、十日モ、何ヒ聞キナン嫐雅ノ三

位ハ三年マデ繪坂ノ藥屋ノ軒ニ通ヒツヽ、流泉啄木ノ二曲ヲ聞キ

テモコソアリケレド思ヒケレバ叶ハザルマデモ尋ネ進ラセン若

シ尋ネ會ヒ進ラセテ御書ナクテハ、ウハノ空ニヤ思召サ

レ候ハンズラント申シケレバ、君實ニモトヨ二モ御嬉シゲ二思

召シ御書遊バシテ仲國ニ給フ程モ遙ナリ、寮ノ馬ニ乘リテト仰ス

仲國明月ニ鞭ヲ揚ゲテ、西ヲ指シテアクガレ行ク.

八月半ノ事ナレバ路芝ニ置ク露ノ色、月ニ玉ヲヤ瑩クラン、我ヲ

レ人ヤアルト召サレケレ圧御イヲヘ申ス者モナシ折節彈正少弼

仲國參リタリケルガ隔タル所ニテ是ヲ承リ仲國ト御イヲヘ申ス。

近ク參レ仰セ下スベキ御事アリト勅定アリケレバ御前ニ參ル目

近ク召シテ、如何ニ汝ハ小督ガユクヘ知リタリヤト仰セケレバ爭

カ知リ進ラセ候フベキト奏ス重ネデノ仰ニ誠ヤラン小督ハ嵯峨

ノ邊ニ片折戸シタル所ニアリトバカリハ聞召シカ圧、其アルジ

召ヲバ知ラズ、カヽラマシカバ兼テ委シク聞召スベカリケルゾト

ヨ汝主ガ名ヲバ知ラズトモ尋ネテ進ヲセテンヤト仰セケルニ嵯

峨廣キ所ニテ名ヲ知ラズシテハ爭カ尋ネ進ラセ候フベキト申セ

バ、君實ニモトデヤガテ御涙ニ咽バセ給ヒケリ。

仲國見進ラセテ添ク悲シク思ヒ寶ヤ、小督殿ノ琴彈キ給ヒシニハ、

仲國召サレテ必ズ御簡ノ役ニ參リ其琴ノ音ハイツクニテモ慥

颶船ハ餘リ高ク上ガリ過ギルト、其嚢ガ破裂シマスカラ實ニ怖イ

モノデアリマス。ソレダカラ、是ヲ防グニハ颶船ノ中ヘ、一杯瓦斯ヲ

入レテハ宜シクアリマセヌ八分目ホドノ瓦斯デモ、段々ト上ヘ登

ルニ隨ヒ瓦斯ガ、次第ニ膨脹シテ嚢ヲ張リマス。ソレハ何故ゾト云

フニ、高ク登レバ登ル程空氣ハ段々ト薄クナリ、諸物ヲ壓ス力ガ弱

クナルカラデアリマス。ソコデ颶船中ノ瓦斯ハ、大造膨脹シテ遂ニ

ハ、其嚢ヲ破リ切ルヤウナ事モアリマス。

酒精ウノ類。
（セウチ）

第三十六課　仲國勅使トシテ小督局ヲ訪フ

比ハ八月十日餘ノコナレバ、サシモクマナキ月ナレド、御涙ニクモ

リツ、朧ニ照ヲス空ナレヤ、小夜深ケ人靜マリテ、主上人ヤアル、參

ルコガ出來ルモノデ前ニ申シタ一番初ノ火風船ハ、五百磅ノ目方

ノ物ヲ引キ上ゲタサウデアリマス。

諸君ハ風船ニ乗リタ人ガ、ドウシテ隨意ニ上ゲ下ゲヲスルカト云

フ處ヲ知リテ居ラレマスカ恐ラクハ是ヲ知リテ居ル人ハ、ナカラ

ウト思ヒマス。全体風船ニハ前以テ其籃ノ中ニ砂ノ囊ヲ澤山入レ

テアリマス。ソレダカヲ是ヲ上ゲヤウト思フト砂ノ囊ヲ投ゲ出シ

テ、船身ヲ輕クシマス。又空中ニ登リテ後地面ニ下ラウトスル時ニ

ハ囊ノ頂上ニアル小サイ蓋ヲ開イテ瓦斯ヲ幾ラカ外ヘ洩ラシマ

スルト外氣ト大抵平均ガ、ツキマスカラ自然ニ下ニサガルヤウ

ニナル者デアリマス。此小サイ蓋ヲ辮ト申シマシテ長イ糸ガ付ケ

テアルユエ船ノ中ニ居テ、自由自在ニ此辮ヲ開イタリ閉ヂタリ

ルコガ出來ルサウデアリマス。

モノユエ、オノット表面ニ浮キ出シマス。幾度、是ヲドノヤウニ攪キ

マゼテモ暫ク立ット又ニッニ分カレ油ハ、ヤハリ上ノ方ニ浮キ出

シ、水ハ下ノ方ニ沈ミマス。又一ノ瓶ノ中ニ色々ノ重サノ液体ヲ注

ギ込ミマスト、ソノ液体ガ段々カサナリ其境目ガ、ハッキリト分レ

ル物デアリマス。次ニ流動体ト固形体トノ方ノ例ヲ中シマスレバ、

コルク(Cork)ヲ水ノ中ニ入レル時ナドノ様ナモノデ、コルクガ水面

ニ浮キ出マスルノハ、コルクノ重サガ、ソレト同ジ容サノ水ヨリモ、

輕イカラデアリマス。

火風船ノ空中ニ上ガルノモ是ト同ジ理合デアリマス。ソレハ如何

ナル譯ゾト云フニ懸ノ中ニ在ル熱セジレタ空氣ハ是ト同ジ容サ

ノ外ノ空氣ヨリモ輕クナリマシテ外ノ空氣ノ上ニ浮ビ出ヤウト

スルノデアリマス。其輕イ所ヨリ餘程ノ目方アル物ヲモ引キ上ゲ

諸君ガ最モ理會ニ苦ム所ハ何故ニ風船ハ空氣中ニ上リ得ラル、

モノカト云フコデアリマセウ。ソレハ石ナドガ下ニ落ツルト違ヒ、

烟ヤ羽ノヤウナ輕イ物ガ、上ニ昇ルト同ジ理合デアリマスサレド、

是タケノコデハ、マダ判然ト分カリマスマイカラ、今少シ説キ明カ

シマセウ

液体ト瓦斯トハ常ニ動クベキ性質ヲ持チ居ル故ニ、是ヲ流動体ト

モ申シマス。ソコデニタ様ノ流動体ヲ一所ニ置キマスト何レモ動

イテ輕イ方ハ乾度其表面ニ浮ビ出ルコトハ誰モヨク知リテ居リマ

セウ此事ハ流動体ドシノ間バカリデハナク、固形体ト流動体トノ

間ニモ、ヨクアテハマル法則デアリマスガ、今諸君ノ理會ヲ容易

スル爲ニ、先ヅ流動体ドシノ方ノ例ヲアゲテ説キ明カシマセウ茲

ニ、少シバカリノ油ヲ、水ノ中ニ注ギマスレバ油ハ、モト水ヨリ輕イ

九十七

アリマス。數年前ニ或ル國デ身ガラノ人ガ二人ツレ立チデザット

三哩バカリノ高サマデ登リタ處ガ何トモ云ッテ見樣ノナイ程寒

カリタ故餘程難義ヲシマシタガ、コノ地面マデ無事ニ下リタ時ノ

心持ハドンナニ嬉シカリタラウト思ヒヤラレマス

近年マデハ風船ニ乘リテモ只上リ下リヲスルノミニテ其進路ヲ

自由自在ニ變ズルコトガ出來ナカリタユヱ、風ニ吹カレテ何處ニヤ

ハル、カ知レマセズ隨分危險ナモノデアリマシタガ此頃アル學

者ガ風船ヲ改良スルコトヲ工夫シテ其進路ヲ自由自在ニ變ズルコト

モ出來ルヤウニ成リタト申スコトデアリマスレバ是カラ先キハ其

效用モサザ大ウナニニナリマセウシカシ、今日デモ少シ良イ風

船ヲ造ルニハ數千圓ノ費用ガ掛カルト申シマスカラ此改良ノ風

船ヲ造ルハ中々容易ノコデハアリマスマイ

此風船ハ、火風船ト中シマシテ、今ヨリ、九十年以前ニ佛蘭西ノモン

トゴルフェール(Montgolfier)ト云フ人ガ、發明シタモノデ、今日デモ子供

ノモテ遊ビ物ニ用フル處モアルト云フコトデアリマス。併シ、今日ハ、

襲ノ中ノ空氣ヲ熱スルニ藥ナドハ用ヒマセズ、酒精ニ浸シタ海綿

ヲ燃ヤス「ニナリマシタ。昔ノ法デハ火風船ト云フ位ダカラヲ折々、

火事ヲ出シタ「モアリタサウデムリマスガ、酒精ヲ用フル樣ニナ

リテカヘ、餘程安全ニナリマシタ.

全体風船ハ何ノ用ニ立ツモノゾト云フニ、オモニ遊戲ノ爲ニ用フ

ル物デアリマス。サレド、折ニハ敵ノ陣中ノ模樣ヲ伺ハンガ爲ニ用

フルコモアリマス。彼三世ナポレオン(Napoleon)ハ或ル戰爭ノ時ニ、是

ヲ用ヒテ、大ニ利益ヲ得タト云フコデアリマス。又空氣ノ寒サヤ温

氣ナトヲ取調ベル爲ニ、風船ニ乘リテ非常ニ高イ處ヘ登リタ人モ

九十五

二三人ヲ載セ猶其人々ニ必要ナ道具ナドヲ入レル餘地ガアリマ
ス.

今日デハ此囊ヲ充タスニ、通常ノ石炭瓦斯ヲ用ヒマス.其石炭瓦斯

モ、風船用ノハ格別ニ注意シテ通常ノ瓦斯ヨリハ輕ク製スルト云

フノデアリマス.サレド、水素ハ萬物ノ中デ、一番輕イモノユエ昔ハ、

是ヲ風船ニ用ヒタト申シマス.

一番始ニ出來タ風船ニハ、石炭瓦斯モ、水素モ用ヒマセズ、只通常ノ

空氣ヲ熱シテ輕クシタモノヲ囊ヘ入レタト申シマス.其

囊ハ、楕圓ナリソ物デ紙ヤ絹ノ樣ナ輕イ物デ造リ其下ニハ廣イ孔

ガ明ケテアリマシテ、孔ノ下デ薬ナドヲ燃シマスト囊ノ中ノ空氣

ハ次第ニ熱シテ遂ニ風船ハ空中ニ上ガルヤウニナル仕掛デアリ
タサウデアリマス.

諸君ハ繪ニ書イテアル風船ノ形ヲ見タコトガアリマセウ・其風船ハ、二ツノ部分カラ出來テ居ルモノデアリマス・其上ノ方ハ橙ノヤウナ形ノ囊ニテ下ノ方ハ籃ノ樣ナ者デ、ソレヲ船ト申シマス・此大キイ囊ノ中ニハ瓦斯ヲ含ミ船ニハ

風船

九十三

二付イテ彼餅ナンド其外大キナ物硬キ物ナドヲ呑ミ込マウトシ

テ此食道ニ障ハリ支ヘル時ハ彼氣管ノ方ガ塞ガリキリニ成リテ、

呼吸ガ止マル故ニ死ヌデゴザル變ヲ能ク心得ルガ宜シイデゴザ

ル.

擬其工合ニ付イテ居ル物ハ結喉トイフ物デ、俗ニノド佛トカ云フ

名ヲ付ケタ物デゴザル此工合ハ一寸手ヲ當テヽ居テ唾ヲ呑ミ込

ンデ、タメシ見テモ知レルデゴザル.右ノ工合ヂヤニ由テ物言ヒナ

ガヲ飲食ヲ致ス時ハ、呼吸ヲ致スニ依テ氣管ガ明イテ居ルゾコ

デ飲食ヲ過チテ氣管ノ方ヘ紛レ入ラシメ彼物ニ噎セルトイフハ、

此譯デゴザル.ヂヤニ由テ飲食シナガラ物言フハ心スベキコデゴ

ザル.志都能石屋

前ニ、ヒキ付キ合ッテ居ル物デ其中ニ、氣管ノ方ハ不斷呼吸ヲ致シテ

居ルニユヱ硬ク明イテ居ルケレモ胃管ノ方ハ軟カデ是ハ物ヲ呑

ミ下ダス時バカリ明イテ當ハ、ヒツタリト成リテ居ル物デゴザル．

近クハ鴨ナドヲ料理シテ見テモ知ルレル頸中ニ硬イ管ト軟カナ管

トガ有リテ、ヒキ付キ合ヒ其硬イ方ハ肺ヘ續キ軟カナ方ハ胃ヘ續

イテ憫ニ見ヱ分カル物デゴザル．

扱右ノ通リ、呼吸ノ管ト付キ合ッテ、口ノ處デ一ツニナリ、ソレニ工

合ガ有リテ其工合ト云フハ右中ス通リ呼吸ヲイタス氣管ノ方ハ、

不斷明イテ居ルケレ𪜈、飲食ヲ呑ミコム胃管ノ方ハ物ヲ呑ムモ其

飲食ガ、ソコヲ開イテ通ルニユヱ彼呼吸ヲイタス氣管ノ方ヲバ押シ

裊イデ、一寸呼吸ヲ止メテ、其飲食ガ氣管ノ方ヘ紛レ入ラヌヤウニ

成リテ居ルデゴザル．其仕掛ガ、ドウモ云ヘヌ妙ナ仕掛デゴザル．足

わが家にかひぬる犬さへも恩は忘る君にもにるふるますら
をよ身をにくせ.

第三十四課　氣管及食道

先ツ飮食ハ口ニ食ウテ咽カラ納メルモノ故爰ノ譯カヲ申サニヤ

ナヲヌガ先ツ、一体人ハ此咽ノ中デ咽ト喉ト道ガ二ツニ分レテ居

ル・ソレハ先ツ喉トフハ肺ノ臟カヲ續イテ居ル物デ天地ノ氣ヲ、

鼻ト口ヨリ肺ノ臟へ受ケ納ムル處ユヱ是ヲ氣ヲ受ケル管ト云フ

意ヲ以テ氣管ト云ヒ叉氣道トモ云フデゴザル叉咽ト云フハ胃ノ

肺カヲ續イテ居テ是ハ飮食ヲ胃ノ肺へ受ケ納ムル道ヂヤニ由テ、

胃管ト云ヒ叉食道トモ云フデゴザル・但シ氣管ト胃管トハ、ウシロ

九十

サレバ、汝等勞働ヲ困難ナリト思ハヾ、宜シク野外ニ出デ、動物ノ常習ヲ注視スベシ。彼蟋蟀ノ食ヲ貯ヘ、鳥類ノ巢ヲ造リ蜂ノ蜜ヲ集ムル如キハ皆是レ吾等ノ良師友ナラザルハナシ。斯ク動物ノ勞働スルハ其幸福ヲ求メンガ爲ナリトスレバ、人類モ亦固ヨリ怠惰ナルベカヲズ。怠惰ハ是レ不幸ノ本ナリ。汝等是ヲ輕々ニ看過スベカラズト。

第三十三課　小枝

魚仔子魚ノ

一

さえだにやどれる、小鳥さへ、禮ハ去る道をも、ならひしその人をわするなよ。

八十九

リシガ嶺ニ起ヲ以テ巢ヲ造ラントスル者ノ如クナリキ。

此時予ハ魚ヲ釣ルコヲ忘レ貝鳥ト魚トノ爲ス所ニノミ注意セリ。

因テ思フニ是等ノ鳥魚ハ均シク手足ヲ使用セザルモ、其勞働ハ却

テ予ニ勝ル者アリ。今吾手ヲ見ルニ屈伸自在ナルノミナラズ其指

モ亦自山ニ開合スルヲ得ベシ。故ニ物ヲ把握シ攜帶スル等總テ意

ノ如クナラザルハナシ。且又歩行シ若シクハ勞働スルガ爲ニハ能

ク是ニ堪ヘ得ベキ身体アリ。其身体ニハ手足ッ其ハタレバ高キニ

登リ、低キニ降リ、重キヲ支ヘ、輕キヲ擧グル等、總テ意ノ如クナラ

ザルハナシ。然レバ人ハ意惰ニシテ、生存シ得ベキ者ニアラズ、予ノ

如キハ、大ニ彼魚鳥ニ愧ヅル者多シト。是ニ於テ前非ヲ改悟シテ、大

ニ奮發シ、更ニ荒地ヲ開墾シテ、其耕作ヲ務メ、時々刻々怠ラザリシ

ガ故ニ、遂ニ今日アルニ至レリ。

小魚ノ游泳スルアリ其中
ノ一魚ハ安全ナル處ニ魚
仔ヲ散附セントシテ頻ニ
小石ヲ動カス者ノ如シ是
ヲ動カスニハ如何ニスル
ゾト云フニ貝口ト体トヲ
使フノミナリキ已ニシテ
亦小鳥飛ビ來リテ予ノ傍
ニ鳴キ居タリシガ忽チ飛
ビテ榛莽中ニ入レリ予更
ニ是ヲ注視スルニ其鳥ハ、
嘴ニ苔蘚ノ類ヲ含ミ居タ

八十七

南亞非利加ノ中ニハ三百餘ノ駝鳥ヲ飼養スル者アリ斯ク是ヲ飼
養スルハ其毛ヲ刈リ取ランガ爲ニシテ猶牧羊者ガ羊毛ヲ刈リ取
ルヲ目的トスルガ如シ而シテ其毛ハ多クハ帽子ノ裝飾等ト爲ス
者ナリ．

オアシス 沙漠中ノ少シ濕ニタル地ニテ草木ノ生スル所ナリ．

第三十二課　老農ノ談話、

或ル處ニ、一老農アリ．一日、其子孫ヲ集メテ云ヘルヤウ予ノ若キ時
ハ、怠惰ニシテ業ヲ務ムルノ心ナク偶業ニ就クコアルモ皆他人ノ
爲ニ勞働スルコト考ヘタリ．然ルニ、今日ノ如ク予ノ農業ヲ務ムル
ニ至リシハ、全ク水中ノ魚ト空中ノ鳥トノ賜ナリト言フモ可ナリ．」
或ル日ニ魚ヲ釣ラントテ谷川ノ畔ニ遊ビシカバ其水中ニハ數多ノ

其勢ヲ助クルノミ。

此鳥ハ常ニ群稙スル者ニテ、一群十二三羽ツヽアリ、更ニ巢ヲ構造

スルコトナク、砂中ニ穴ヲ穿チテ、是ヲ巢ト爲ス。其雌卵ヲ生ミ落ス時ノ

ハ、是ヲ孵化スルマデ常ニ此處ニアリテ是ヲ暖メ、日中極熱ノ時ノ

外ハ此處ヲ去ルコトナシトゾ。

駝鳥ハ走ルコ迅速ナルガ故ニ、是ヲ獵ルコ誠ニ容易ナラズ其走ル

ヤ、一丈餘ノ距離ヲ一飛シ、駿馬モ及バザルノ勢アリ然ルニ駝鳥ノ

走ルハ常ニ曲線ナルガ故ニ獵者ハ急ニ是ヲ迫ハズ貝騎馬ニテ直

線ニ進行シ、二三日間其跡ニ追從スルナリ。斯クスルトキハ駝鳥ハ遂

ニ疲勞シテ荒草ノ中ニ隱レ又ハ砂中ニ其頭ヲ埋沒ス是ニ於テ獵

者直ニ捕ヘテ是ヲ殺スナリ。

駝鳥ハ斯ク強大ナル鳥ナレド比亦容易ニ馴ラスコヲ得ル者ニシテ、

八十五

二棲息スルアリ。駝鳥ノ如キハ其一ナリ。

駝鳥ハ鳥類中ノ最大ナル者ニシテ高サ七八尺其頸ハ長ク其脚ハ、

強シ此鳥ニハ羽
毛ノ全体ヲ蓋フ
コトナク只細毛ノ、
密生スルアルノ
ミ。而シテ翼ト尾
トニハ羽アレ圧、
其翼ハ極テ小ナ
ルニ由リ飛翔ノ
用ヲ爲サズ只跳
走ノ際鼓翼シテ

八十四

ク飛散セシメンガ爲ナリ．

果實ノ散布スル方法ハ殊ニ奇トスベキ者多シ或ハ刺若シクハ鉤

ヲ具ヘテ動物ノ毛皮ニ附着スル者アリ或ハ果實ノ外面ニ柔毛ヲ

其フル者アリ或ハ果實ノ外皮急ニ裂開シテ種子ヲ迸散スル者ア

リ或ハ香氣甘味ヲ以テ鳥類ヲ誘引シ鳥類是ヲ啄ミテ其軟部ヲ胃

中ニ消化シ其堅硬ナル種子ヲ處々ニ散落スル者アリ其他猶是ニ

類スル者甚ダ多シ．

第三十一課　駝鳥

亞非利加ニハ沙漠多ク是ヲ旅行スル人ハ渺漠トシテ際涯ヲ見ル

コトナク只其目ニ遮ル者ハ僅ニオアシス (Oasis) ノ中ニ亭立スル椰子

ノ樹ト處々ニ茂生スル荒草トアルノミ斯ル荒原ナレドモ動物ノ是

八十三

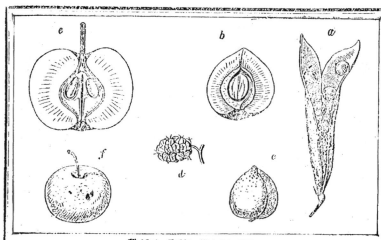

梨(fe) 桑(d) 桃(cb) 豌豆(a)

其種子ハ、翅ヲ其フ、是レ風ニ因テ遠

ニ附著スル種子ト其ニ脱落スベシ。

ルニ至レバ、各鱗片、離開シテ其內面

壓シテ、毬狀ヲ爲シ、成熟シテ乾燥ス

ニシテ其果實ハ、各鱗片相重ナリ相

スル者ナリ。松杉ノ果實モ、亦此種類

一体ヲ成シ多肉ナル花柄上ニ附著

ノ實ノ如キハ、無數ノ果實、聚合シテ、

其外ニ、亦聚合果ト云ヘル者アリ。桑

ナリ。

榛栭實、豌豆萊豆ノ如キハ皆此種類

ノ後其外皮ヲ裂開スル者モアリ。栗、

八十二

ミハ此時代ニ始テ行ハレシ物ナリ。

第三十課　果實ノ話

果實トハ子房ノ成熟シタル者ヲ云フナリ。或ハ子房ニ附着セル等
筒亦果實ノ一部トナルコトアリ。林檎梨ノ如キハ果實ノ容積慨ネ等
筒ヨリ成リタル者ナリ。故ニ通常、世人ガ果實ト稱スル者ニテモ細
ニ是ヲ察スレバ、眞ノ果實ニアラザル者多シ。

果實ニハ、肉果核果乾果等ノ種類アリ。肉果ト云フハ子房ノ外皮成
熟スルニ從テ厚ク且軟ニ爲リタル者ナリ。梨、林檎、南瓜、胡瓜、葡萄ノ
如キ者是ナリ。核果トハ、外部ノ肉質ニシテ、其中ニ堅硬ナル實質ヲ有
スル者ヲ云フ。梅桃、李ノ如キ者是ナリ。乾果ニハ、其組織葉質ナルモ
アリ。薄クシテ膜質ナルモアリ。或ハ、全体堅硬ナルモアリ。或ハ、成熟

ノ布肩衣ト云ヘ
ル者ノ遺製ナル
ベシ武人モ亦手
無シヲ用ヒタル
者モアリシト云
ヘリ婦女子ハ外
ニ出ツル時ハ衣
ヲ以テ頭ヲ蔽フ
是ヲムシ重笠ト
名ツクムシ重笠
ハ絹ヲ笠ノ端ニ垂レ前ノ處ノミヲ殘シテ總テ容体ヲ隱スノ具ナ
リ其頃新ニ製シタル衣服トテハ別ニナカリシガ只此ムシ重笠ノ

ムシ重笠ヲカフリタル婦人

書籍ヲ出板セシ事ハ何時頃ヨリ始マリシカ詳ナラネド此頃ヨリ
稍世ニ行ハレシナヲン頼朝ノ死セシ時其佛事ヲ修メントテ摺寫
セシ五部ノ大乘經ヲ供養スト云ヘルコアリ摺寫トハ印本ノコヲ
云フナリ又後鳥羽上皇ハ刀劍ヲ作ル事ヲ好マセラレ諸國ヨリ多
クノ劍工ヲ召シ出ダサレタリ上皇ノ親ラ鍛ハレタル劍ヲ御所鍛
ト云ヒ其中刀莖ニ菊花ヲ彫リタル劍ヲ菊ノ御作ト云ヘリ又其頃
ハ猿樂田樂白拍子ナド云ヘル者アリシガ中ニモ白拍子ハ殊ニ世
ニ行ハレタリ泰時執權トナルニ及ビ專ラ節儉ヲ旨トセシカバ其
後歌舞ハ世ニ行ハレザリシガ高時ニ至リテ殊ニ田樂ヲ好ミシニ
由リ京都奈良ノ田樂師ハ多ク鎌倉ニ集マリタリトゾ。
武人ノ衣服ハ常ニ直垂素襖ナドヲ用ヒ庶人ハ素襖又ハ手無シト
云ヘル者ヲ用ヒタリ此手無シト云ヘル者ハ衣ノ袖ナキ者ニテ古

ヲ振賣ト云ヒシトゾ．

執權　將軍ノ下ニアリテ政事ヲ
　　　執リ行フ第一ノ職ナリ．

庄官　庄園ノカカリナリ．

元寇　支那ノ元ノ代ニ吾邦
　　　ヘ軍ヲ向ケレヲ云フ．

第二十九課　鎌倉時代ノ概説　二

北條氏兵馬ノ權ヲ執リシヨリ以來宿驛ニハ馬借アリ港ニハ借上アリ．替錢問丸ナド云ヘルモノアリ馬借ト云フハ旅人ニ馬ヲ貸シテ其賃錢ヲ取ルナリ．借上ハ錢ヲ貸シテ利息ヲ取ルナリ替錢ハ已ノ錢ヲ預ケ其錢ヲ他ノ港ニテ受取ル事今ノ爲替金ノ如シ問丸ハ所々ノ港ニテ船ノ載セ來ル物ヲ預リ置キ其持主ノ來ルヲ待ッ「今ノ船間屋ニ同シ是等ハ皆切符ヲ以テ認據ト爲スモノニテ諸商人ハ是ガ爲ニ大ニ便利ヲ得タリ．

ハ、時ノ價ニ高低アリシカバ、是ヲ賣買シテ利ヲ取ル者ヲ世ノ人、力

ネアキビトト云フ源義經、金商人吉次ニ從ヒテ、陸奧ニ行クト云フ

事モアレバ其頃ハ、金商人ノ諸國ニ往來セシ丁盛ナリシナラン。泰

時ハ鎌倉諸商人ノ數ヲ定メ、時賴ハ諸國ニ令シテ酒ヲ沽ルコヲ禁

シ、且物價ノ制限ヲモ定メタリ、炭一駄ヲ價百文トシ薪三把ヲ價百

文トスルノ類ナリ、サレド後ニハ物價ノ制スベカラザルコヲ知リ

シニヤ、此制限ヲ廢シタリ。時宗ハ鎌倉ニ住マヒスル商人ノ居處ヲ

九箇所ト定メ、各其地ニ就キテ店ヲ開カシム、其以前ハ武人、工商ノ

宅相混ゼシガ是ニ至リ、始テ鎌倉ノ商人ハ、肆店ヲ並ブルコトナレ

リ。又京都鎌倉ノ市中ニテ、物ヲ賣ルニハ各專賣ノ場所、七箇所アリ、

是ヲ七座ト云フ、炭ノ座、米ノ座、絹ノ座ナドノ類ナリ、座ヲ持タザル

小商人ヨリ、物ヲ買フコヲ手買ト云ヒ他所ヨリ來リテ物ヲ賣ルコ

七十七

レ遂ニ新田義貞ニ攻メ滅サレタリ.

賴朝ハ天下ノ諸國ニ令シテ、段別ニ米五升ヲ課シテ、兵糧料トナス。

人民因テ先ヅ兵糧米ヲ納レ、然ル後ニ國司ニ貢物ヲ納ル、コトナ

レリ又幕府ノ命ニ従ハザル武人ハ皆農民トナレリ先キニ平氏ニ

屬セシ者ハ平氏亡ビテモ猶其恩ニ感シテ賴朝ニ降ヲザル者アリ、

皆亦農民トナル賴朝更ニ令ヲ下シテ、武人ト農民トノ區別ヲ定メ、

農民ノ中ニモ又等差ヲ立テ諸家ノ下司ヲ上等トシ、庄官ヲ其次ト

セリ北條氏ニ及ビ専ラ力ヲ農事ニ盡シ、武藏野ト多摩郡トノ曠野

ヲ開墾シ又遊手徒食ノ輩ヲ驅リテ、農業ヲ勉メシム。サレド租稅ヲ

民ニ取ルコ輕カリシカバ民其業ヲ樂ミトセリ.

其頃ハ物ヲ買フニ錢又ハ布帛ナドヲ用ヒタリ。金銀モアリシカド

多クハ贈物ナドニ用ヒ、物ヲ買フノ具トハ爲サマリキサレバ、金銀

ニナリタルハ、京都ニ等シク人々皆鎌倉ノ風ヲ慕フニ至ル其以前

ハ京都ニテ東國人ヲアヅマエビスト云ヒテ卑ミシガ此時ヨリハ、

却テ是ヲ慕フコトハナレリ.

其後後鳥羽上皇政ヲ王室ニ復サントコトヲ謀ラセ給ヒ軍勢ヲ出ダシ

テ鎌倉ノ執權、北條義時ヲ討タレシガ官軍利アラズ義時因テ上皇

及ヒ御門順德ノ二上皇ヲ遠國ニ遷シ奉レリ是ヨリ天下ノ威權ハ、

總テ北條氏ニ歸シタレ氏義時ハ尚鎌倉ノ執權ト稱シテ依然兵馬

ノ權ヲ握リ居タリ.其子泰時其後ヲ繼ギ更ニ法令ヲ定メテ力ヲ民

事ニ盡シ節儉ヲ旨トシ奢侈ヲ惡ミシカバ風俗大ニ改マル.其後數

世泰時ノ教ヲ守リテ力ヲ政事ニ用ヒ又時宗元寇ヲ破リテ國威ヲ

海外ニ輝カシタレバ人民大ニ北條氏ニ服セリ高時ニ至リ更ニ意

ヲ政事ニ留メズ、日夜歡樂ヲ事トセシカバ、人民モ次第ニ遊惰ニ流

七十五

源平兩氏ノ兵權ヲ解カント思ヒ給ハヽ是ヲ解クベキ道豈ナカラ

ザランヤ其由テ來ル所ヲ窮メズシテ徒ニ是ヲ制セラレシハ兩氏、

憤ヲ卿ムノ媒ニアラズヤ、是レニ。

合ハセテ是ヲ論ズルニ天下終ニ武家ノ世トナレル事ハ其由ル所、

藤氏外戚ノ權ヲ專ニセシニ由レリトゾ見エタル。讀史餘論

制符書付ナリ。オフレノ

源氏ニ仰セテ是ヲ討タレタリ原註ニ頼信忠常ヲ討タレシガ如キトアリ。

平氏ニ仰セテ是ヲ討タル原註ニ義親ノ時ニ正盛ガ討チシガ如キトアリ。

譜第ガラ。ツヾキ

第二十八課　鎌倉時代ノ概説　一

源頼朝始テ幕府ヲ鎌倉ニ開キテ天下ニ號令セシヨリ、鎌倉ノ繁華

七十四

代ノ餘烈ニ由テナリ、其事ノヨシヲ考フルニ、一ッニ天慶ノ亂ニ由

レリ、此亂ノ由テ來レル所ハ、執柄ノ人々朝家ノ權ヲ尊ヒテ、皇威、日

日ニ薄ク、是ニ加フルニ武備モ亦弛ミシガ故ナリ、初メ將門純友ガ、

相謀リシニ、皇統ナレバ將門ハ帝位ヲシリ、藤氏ノ裔ナレバ純友ハ、

執柄タルベシナド、相約セシト聞エシモ、其尤ニ傚ヒシモノニアヲ

ズヤ、是レ一ッ、

外戚ノ權ヲ專ニセシヨリ、執柄ノ職ヲモテ、我家ノ物ト爲シテ、自ヲ

是ヲ其子弟ニ讓ルニ至レリ、サレバ朝廷ニアラユル卿相皆々其門

葉ニアラズト云フナシ、盡ク皆其譜第ヲモテ、其官其職ヲシリシ

カバ、彼將帥ノ職モ又其譜第ヲモテ任ゼシ程ニ、遂ニイハユル世官、

世族トナルニ至レバ、又ソレニ屬セシ兵モ又譜第ノ屬兵トナリシカ

バ、鳥羽ノ頃ホヒ源平ニ屬スベカラズト、癩ニ制符ヲ下サレシナリ、

仕ヘシカヒ事アル時ハ宣旨ヲ給ハリテ諸國ノ兵ヲ召シ具シケル

ニ近代トナリテ頓テ肩ヲ入ル、族多クナリシニヨリテ此制符ハ、

下サレキ云々.

抑モ源氏武ヲ取リシ事經基ニ始マリテ平氏武ヲ取リシ事ハ貞盛

ニ始マル皆是レ天慶ノ亂ノ時ニ始マレリ其後平氏ニ逆亂ノ臣ア

レバ源氏ニ仰セテ是ヲ討タル源氏ニ違勅ノ者アレバ平氏ニ仰セ

テ是ヲ討タルサレバ源平私ノ仇敵ニアラズト雖モ自ラ世讐ノ思

ヲナセリ況シテヤ保元平治ノ亂ヲ經テ平氏權勢ヲ恣ニシ源氏其

跡ヲ盡ク削ラレシニ於テヲヤ其中東國ノ輩皆々源氏ニ心ヲ寄セ

シ事ハ初メ賴信賴義父子忠常ヲ打チシヨリ此カタ賴義義家ノ二

代ノ奧前後ノ戰二十餘年ヲ歷テ其手ニ屬セシカバ自ラ其從類ノ思

ヲ爲シ、モノ是レ多シ.賴朝遂ニ天下ノ權ヲ分タレシコ皆是レ累

類ト八、鴨鷺雁ノ類ニシテ常ニ水上ニ棲ム者ナリ、其体形扁平ニシ
テ腹部八舟底ノ形ヲ爲シ脚八体ノ後部ニアリテ短シ、趾ノ間ニ蹼
アルヲ當トス、

鳥類八多クハ、長生スル者ナリ、鸚鵡鴉等八百年ノ餘モ生存スト云
ヘリ、又鳥ノ種類ニハ、時候ヲ逐ヒテ移住スル者アリ、燕ノ春來テ秋
歸ル如キ雁ノ秋來テ春歸ルガ如キ八即チ是ナリ、是レ皆其身ニ適ス
ル食物ト時候トヲ得ンガ爲ナルベシ、

骨格ホ子グミ、

蹼ミヅカキ、

第二十七課　兵權武門ニ歸ス

按ズルニ、正統記ニ、鳥羽院ノ御代ニヤ諸國ノ武士ノ源平ノ家ニ屬
スルコヲ止ムベシト云フ制符度ヤアリキ、源平久シク武ヲ取リテ

七十一

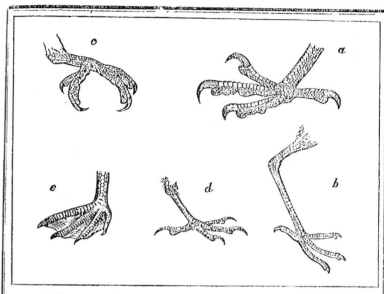

足ノ鷺鶴(e)　足ノ雀(d)　足ノ鶏鶉(c)　足ノキシクヤジコ(b)　足ノ草(a)

スル者ニシテ常ニ地上ヲ行
歩シ、土芥ヲ攪散シテ食餌ヲ
求ム、故ニ此名アルナリ。
前ニ舉ゲタル者ハ、總テ陸上
ニ棲ム者ナレモ、猶其外ニ水
中ヨリ食物ヲ取リ、或ハ常ニ
水中ニ棲ム者アリ、甲ヲ渉水
類ト云ヒ、乙ヲ水禽類ト云フ。
渉水類トハ鷺鶴等ノ類ニシ
テ、脚長ク頸亦長シ。其水中ニ
アルヤ、一脚ニテ能ク立チ、魚
類等ヲ取リテ食ト爲ス。水禽

第二十六課　鳥ノ話

鳥ノ体格ハ其習慣ノ異ナルニ從テ、各相同シカラヲズ.且其骨格ノ堅クシテ、輕キハ空中ニ飛翔スルニ適セシムルナリ羽莖ノ中空ナルモ、即チ是ガ爲ナリ.而シテ其羽毛ハ、甚ダ美麗ニシテ、且暖ナリ

鷲鳥類ハ其嘴銳利ニシテ鉤曲シ尤モ肉ヲ裂クニ適セリ体肥大ニシテ、全身ニ羽ヲ被リ翼尾共ニ長大ナリ鷲、鵰、鳶ノ類即チ是ナリ。

鳴禽類トハ燕雀ノ類ヲ云フナリ脚短クシテ細ク三趾ハ前一趾ハ、後ニアリテ樹枝ヲ握ルニ適セリ攀木類ト云フハ杜鵑、啄木鳥、鸚鵡等ナリ其脚力ハ強ク四趾アリテ二趾ハ前ニ向ヒ二趾ハ後ニ向ヒテ、各彎曲シタル爪ヲ具レ殊ニ樹木ヲ攀登スルニ適スルナリ。

搔撥類トハ鳩鷄、七面鳥等ヲ云フナリ.其翅概ネ短クシテ遠ク飛翔スルコ能ハズ脚ハ勁大ニシテ爪亦勁シ此鳥類ハ多クハ家ニ飼養

沿ヘル處ニシテ西田町ハ甲突川ノ西ニアリ其中最モ繁華ナルハ

下町ナリ旭通石燈籠通菩薩堂通等ハ道幅甚ダ廣シ

舊城ハ市街ヨリ西北ナル城山ニアリテ鶴丸城ト云ヘリ昔時西海

道ノ雄藩タリシ島津家ハ次薩摩大隅ノ二國及日向國ノ數郡ト琉球

諸島トヲ兼ネ合ハセテ領セシヨリ代々其城主タリ今ノ鹿兒島縣

廳ハ山下町ニアリ

此地ハ南方ニ位スルニ由リ氣候常ニ溫暖ナリ故ニ孟宗竹筬竹蜜

柑香橙茯苓ノ類多シ又製造品ニハ樟腦鰹魚節飛白織刻烟草竹器

漆製ノ櫛櫓木等ヲ出セリ市街北方ノ海岸ニ田ノ浦ト云フ所アリ

此邑ニテ製造スル陶器ハ薩摩燒ト云ヒテ最モ世ニ稱セラルヽ所

ナリ

里アリ、船舶、常ニ往來シテ、通

商、尤モ盛ナリ．

市街ハ海邊ノ平地ニ立ッ、甲

突川ハ西北ヨリ流レ來リテ、

市街ノ西南部ヲ貫キ、末流ハ、

海ニ落ッ、川ノ廣サハ、一町許

アリテ、四大石橋ヲ架ケ渡セ

リ、市坊ハ四十七町ニテ、人口、

殆ド五萬五千ナリ．

市街ハ大別シテ、上町、下町、

田町ト云フ、上町、下町ハ海ニ

り、此花ノ各部ヲ見ルニ萼片花瓣各五箇アリ、雄蕋ハ十箇ニシテ雌

蕋ハ五箇ナリ、此ノ如ク花ノ各部整齊セル者ヲ正式ト定メテ以テ

是ヲ他ノ花ニ比較スレバ、其異同ヲ知ルコ殊ニ容易ナルベシ、是等

ノ研究ハ極テ趣味アル事ナレバ、一輪ノ花ヲモ輕視セズ能ク其觀

察ニ心ヲ用フベシ。

重瓣花ハ八重キノ花。

標本ハ見木ナリ。

第二十五課　鹿兒島

鹿兒島ハ薩摩國鹿兒島郡ニアリテ、鹿兒島灣ノ西岸ニ位セリ、海面

ヲ距ルコ二十四町餘ノ處ニ櫻島高ク聳エ其頂上常ニ烟ヲ吐ク、此

間、一大良港ヲ爲セリ、海水ノ深サハ十三間ヨリ二十間餘ニ至ル、是

ヨリ大坂マデ海路凡ソ三百七十二海里沖繩縣ヘ凡ソ百七十六海

二含ス。柱ハ、上ノ細キ處ニシテ、長キモアリ、短キモアリ、或ハ絶エ

テ無キ者モ少シトセズ。柱頭ハ、柱ノ上端ニシテ、其表面粗糙ナリ、是

レ花粉ヲ受クルニ便ナラシメンガ爲ナリ。

然レドモ花ニハ、緊要機關若シクハ花被ヲ具ヘザル者アリ、例ヘバア

ヂサヰノ如キハ萼ト花冠トヲ具ヘテ兩蘿ヲ闕ク、故ニ絶エテ實ヲ

結ブコトナシ。又ハ八重咲キノ山茶ノ如キハ、雄蘿變化シテ花瓣トナリ、

重瓣花ヲ爲シタルナリ。或ハ花瓣ト萼片トノ數相同ジカラザルア

リ、或ハ其大キサ各相均シカラザルモアリ、皆是レ正式ノ花ニアラ

ズ。

正式ノ花ハ、如何ト云フニ、四個ノ機關ヲ具ヘテ、其數モ各相同ジク、

其大キサモ概ネ相均シキ者ヲ云フナリ。例ヘバ、ベンケイサウノ花

ハ、其形小ナリト雖モ、各部甚ダ簡單ニシテ、花ノ標本ト爲スニ適セ

六十五

嬰ナル事トス今愛ニ雄蕊ト雌蕊トアリ其雄蕊ヲ取リテ細ニ觀察スルニ雄蕊ハ二部ヨリ成レル者ナリ其細キ柱ヲ花絲ト云ヒ其上部ヲ葯ト云フ葯

八、通例二個ノ襄ヲ有シ成熟スレバ概ネ縦ニ開ケテ粉ヲ吐ク其色多クハ黃色ナリ是ヲ花粉ト云フ又雌蕊ハ三部ヨリ成レリ子房柱柱頭即チ是ナリ子房ハ一ノ襄ニシテ未ダ成熟セザル種子ヲ此中

第二十四課　花ノ形狀

花ノ用ハ種子ヲ生ズルニアルリ「已ニ汝等ノ學ビタル所ナリ、然レ
氏、其各部ノ中ニテ、種子ヲ生ズルニ、極テ必要ナル者アリ、又其必要
ノ部ヲ保護スルニ止マル者アリ、此二類ノ別ヲ知ラントセバ、先ヅ
花ノ形狀ヲ學ブベシ.

今、一輪ノ花ヲ取リテ其各部ヲ數フルニ、第一ハ萼ナリ、其各片ヲ萼
片ト云フ、第二ハ花冠ナリ、其各片ヲ花瓣ト云フ、第三ハ雄蕊第四ハ、
雌蕊ナリ、雄蕊雌蕊ハ花ノ内部ニ位シテ種子ノ發生ニ必要ナル者
ナリ、故ニ是ヲ緊要機關ト云フ、花冠ト萼ハ只其内部ノ兩蕊ヲ保
護スルニ止マル者ナレバ、此二部ヲ花被トモ云フナリ、

斯ク、雄蕊雌蕊ハ花ノ緊要機關ナレバ、是ヲ細ニ研究スルハ極テ必

シト思フ心モナク平氏滅ビシ日遠ニ其兵權ヲ奪ヒテ召シ還ス、此

後數通ノ起請文ヲ以テ二心ナキヨシヲ申シ、カモ、更ニ許サズ遂

ニ討手ヲシ向ケタリ、此時義經、自ヲ首刎ネテ其年頃ノ志ヲ顯サ

ン、イザ知ラズ、其餘ハ、自ヲ死ヲ救フノ謀ヲ出ダサンニハ若カジ、

義經、院宣ヲ申請ケシ事已ムコヲ得ザルニ出デタリ、其志ノ如キハ

憐ムベシ.

或ル人又謂ヘヲク、義經其志、驕リテ勇ヲ恃ミ、自ヲ其禍ヲ取リ且加

フルニ景時ガ讒ヲ以テスト云フ是モ亦賴朝ニ黨スルノ說ナリ範

賴ガ願ニシテ怯ナルモ遂ニ死ヲ免レズ其死セシ時誰カ彼ヲ讒セ

シ、思フニ只賴朝ガ如キ者ノ弟タランコ、最モ難シトコソ云フベケ

レ.讀史餘論

朝憲 朝廷ノオキテ

鞏轂ノ下 天子ノ御ヒザモト.

六十二

或ル人諫ヘラク、義經終ニ賴朝ニ叛キタリシヲバ、賴朝ノ彼ヲ誅セ

ントセシコ、理リトモイフベシト云フ然ルニハアラズ義經初ヨリ、

賴朝ニ二心ナシ只賴朝ノ姦計アルコヲ知ラズ古瀨洗瀨瀨瀨信ガ

如ク、㦗塚㦗綱㦗洗ガ如ク兄弟共ニ朝ノ御守リタル可シトノミ思

ヒテ、賴朝ノ代官トシテ義仲ヲ打チ平氏ヲ破リシ後京師ヲ守護シ

テ院中ニ伺候セリ然ルヲ賴朝不快ノ氣色アリシカバ、如何ニモシ

テ其心ヲ取ラント思ヒキザレバ、賴賴平氏ヲ破ルコノカナハザル

ニ及ビテ、義經讚岐ニ向ヒシ時渡邊ニテ風荒ク浪高キニ眞先ニ船

ヲ出ダス。大藏卿泰經、是ヲ諫メシニ義經殊ニ存念アリ、一陣ニテ命

ヲ捨テント思フト云ヒキ其志若シ此度ノ軍ニ勝ッコヲ得ズンバ、

最初ニ討死スベシ若シ勝ッコヲ得バ賴朝ガ心モ、和ギナンヤト思

ヒシニ非ズヤ斯クマデニ賴朝ガ爲ニ心ヲ盡シヌレド、賴朝更ニヨ

六十一

二伺候シテ、朝賞ニ預カル。且其兵ヲ用フルノ方、天下ニ雙ナカリシ
カバ、最モ頼朝ガ忌ミ思フ所ナリ。サレバ頼朝、常ニ彼ガ兵權ヲ奪ヒ
テ、其勢ヲ孤ニシテ平氏ヲ滅ビシ後ニ、是ヲ推スニタヤスカラントフ
圖レリ。頼朝自ヲ朝ニ二心アル故ニ、朝ニ志アル者ヲ忌メルナリ。義
經已ガ弟ナリト雖モ當時已ニ朝臣ニ列シテ京師ノ鎮護タリ。然ル
ニ、是ヲ窘殺ノ下ニ襲ヒ殺サントス、是レ豈臣タル者ノ所爲ナラン
ヤ。上皇ノ暗弱ナルヲ刹シテ、行家義經ガ事ヲ以テ、是ヲ脅シ參ラス
ルニ、木曾ト平氏ヲ滅スノ功アルニ誇レリ。初ニ平氏ノ兵威ヲ攝キ
シハ、義仲ガ功ナリ。終ニ平氏ヲ亡シ、ハ、義經ノ功多シト謂ツベシ。
義仲ヲ誅セシフハ、法住寺殿ヲ攻ラセシ罪ヲ問ヒシニ非ズ東
軍ノ京ニ入リシ時、適、彼ガ兇惡ノ日ニ過ヒシナリ。頼朝、朝ノ御爲ニ
彼ヲ討チシト云フハ、僞レルナリ。

六十

ノ一大變遷ナリ・

骨肉ハ父子、兄弟ナ
ドヲ云フ。

第二十三課　賴朝ヲ論ズ

按ズルニ賴朝ハ家、義經ヲ誅セントスルコト甚ダイハレナシ・初メ賴

朝鎌倉ニ入リシヨリ、已ニ自家ヲ經營スルノ志アリ・サレバ東國ノ

豪家ヲ故ナク誅滅シ又義廣ト戰ヒ義仲ヲ討タントセシノ類悉ク

皆已ニ害アラントコヲ圖レバナリ平氏ノ暴逆ヲ誅センヨシヲ稱ス

ト雖モ兵ヲ舉ゲテ四年ガ間、一騎ヲシテ西セシメズ東國ノ郷郷擅

ニ押領シテ已ニ功アルモノニ割キ與フ・イカデ是ヲ朝憲ヲ重クス

ト云フベキ義仲ヲ討チシモ彼レ已ニ京ニ入リテ、平氏ヲ追ヒ落シ、

朝賞ニ預リシヲ惡ミシガ故ナリ・然ルニ義經其心ヲ得ズシテ院中

五十九

ニハ國司ニハ、守護ヲ置キ莊園ニハ、地頭ヲ置キ以テ所在ニ就キ

テ追捕セシメバ、天下ハ、坐シテ定ムベシ。且畿内及西南四道ニ課ス

ル、每段米五升ヲ以テシ、是ヲ兵食ニ充テント、朝廷遂ニ其請ヲ許

シタリ。是ニ於テ、賴朝其家人ヲ薦メテ守護地頭ト爲シ、身ヲ統攝

セリ。世ノ人因テ賴朝ヲ六十六國總追捕使ト稱セリ。已ニシテ、朝廷、

賴朝ヲ征夷大將軍ニ拜シ、殊ニ其任ヲ重クシテ、鎭守府將軍ヲ罷メ

ヲル。賴朝後ニ馬ヨリ落チテ身短シ、性洗毅ニシテ大度アリ、將士皆

賴朝ハ人ト爲リ、面大ニシテ、身短シ、性洗毅ニシテ大度アリ、將士皆

爲ニ畏服セリ。然レモ猜忌ニシテ恩寡ク、骨肉功臣ト雖モ殺戮セラ

ル、者多シ。初メ賴朝ノ祖先、屢戰功ヲ東邊ニ立テシニヨリ將士久

シク源氏ヲ戴キ其情恰モ君臣ノ如クナリキ。故ニ賴朝起リテ幕府

ヲ鎌倉ニ開クニ及ビ兵馬ノ權悉ク是ニ歸スルニ至レリ。是レ時勢

進ミテ再ビ是ヲ破ル宗盛乃チ長門ノ壇浦ニ走リシガ、義經窮追シ
テ、大ニ是ヲ攻ム是ニ於テ二位尼ハ天皇ヲ懷キテ海ニ投ジ平氏ノ
族黨モ或ハ水ニ溺レ或ハ殺獲セラレテ殆ド遺ル所ナシ、東軍乃チ
振旅シテ京師ニ還レリ.

時ニ、賴朝義經ノ專橫ヲ惡ミテ、鎌倉ニ入ルコトヲ許サズ.義經因テ大
江廣元ニ依リテ、其他ナキヲ訴ヘタレドモ聽サレズ已ニシテ賴朝檄
ヲ諸道ニ傳ヘテ、義經ヲ討タントセシニ、義經乃チ西海ニ奔リテ往
ク所ヲ知ラズ其後陸奧ニ走リテ藤原泰衡ニ倚リシガ、泰衡襲ヒテ
是ヲ殺シ、首ヲ鎌倉ニ傳ヘタリ.或ハ日ク義經、死セズ匿レテ蝦夷ニ
アリト.賴朝モ亦深ク是ヲ推究スルコトナシ.

初メ、義經已ニ奔リ、平氏ノ餘黨猶處々ニ伏匿シテ天下、大ニ騷然タ
リ、賴朝因テ大江廣元ノ議ヲ用ヒテ、奏請シテ曰ク今日ノ計ヲ爲サ

五十七

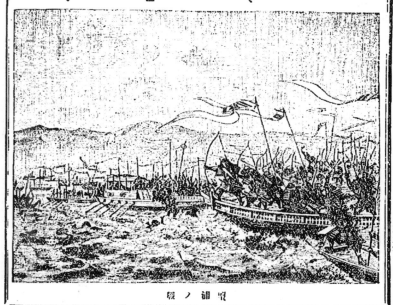

テ、義仲京師ニ反シ、後白河法皇ヲ攝政ノ邸ニ徙シ、後鳥羽天皇ヲ閑院ニ奉ズ且公卿ノ官爵ヲ削リ已レ自ラ院廳別當トナレリ賴朝因テ弟範賴、義經ヲ遣シテ是ヲ討タシメタルニ、義仲軍破レテ遂ニ粟津ニ戰死セリ〔年三十一ナリ〕.範賴義經更ニ進ミテ平氏ヲ攝津ノ一ノ谷ニ攻メテ是ヲ破ル。宗盛更ニ天皇ヲ奉シテ、讚岐ノ屋島ニ據ル。義經直ニ

壇ノ浦ノ戰

五十六

トナル・進ミテ維盛ト富士河ヲ夾ミテ陣セシガ河水、方ニ瀰リタレ
バ、互ニ相持シテ未ダ戰ハズ、然ルニ其先鋒武田信光陰ニ兵ヲ率ヰ
テ夜間道ヨリ敵ノ軍後ニ出デントセシニ、道ニ大澤アリテ水禽爲
ニ驚キ起チタレバ平氏ノ軍是ヲ聞キテ大ニ亂レ、一軍盡ク潰
エ走レリ、賴朝是ヲ追ヒテ西セントシタレド其不利ナルヲ知リ兵
ヲ引キテ鎌倉ニ還レリ、是ニ於テ賴朝ノ威名遠近ニ震フ、

目代 代官ト云フニ同シ

第二十二課　源賴朝ノ傳　二

賴朝ノ從弟木曾義仲モ、亦以仁王ノ令旨ヲ奉シテ、兵ヲ信濃ニ起シ、
屢々平軍ト戰ヒテ勝チ遂ニ京師ニ遍レリ、時ニ淸盛已ニ死シ宗盛諸
軍ヲ總督セシガ、是ニ至リ安德天皇ヲ挾ミテ擧族西奔セリ、已ニシ

テ、是ヲ討タシム。巳ニシテ、加藤景廉兼隆ヲ斬リ、其首ヲ携ヘ來リテ、

賴朝ニ視シテ曰ク公ノ天下ヲ定ムルハ、是ヲ以テトスベキナリ。

巳ニシテ、賴朝又三百騎ヲ率ヰテ、石橋山ニ陣セシニ、大庭景親等、三

千騎ヲ以テ來リ攻メ、大ニ其軍ヲ破ル賴朝盡ク其從兵ヲ散ジテ、ヒ

トリ土肥實平ト共ニ山谷ノ間ニ匿ル景親徧ク是ヲ索メタリシガ、

梶原景時ノ爲ニ其危急ヲ脱シテ箱根山ニ匿レ更ニ去リテ眞鶴崎

ヨリ船ニ乘リテ安房ニ逃レタリ是ニ於テ檄ヲ遠近ニ傳ヘテ兵ヲ

集メシニ軍氣再ビ大ニ振ヘリ。

清盛是ヲ聞キテ大ニ恐レ、孫維盛忠度ヲ遣シ兵五萬ヲ率ヰテ來

リ攻ム。是ニ至リ、武藏相摸ノ豪傑、相告グテ賴朝ニ降リ其兵巳ニ十

萬ニ餘レリ賴朝乃チ鎌倉ニ入リテ幕府ヲ立テ遂ニ進ミテ、平氏ノ

軍ヲ迎ヘ撃タントセリ。足柄山ヲ踰ユルニ及ビ其兵增シテ二十萬

是ヲ監視セリ初メ賴朝祐親ノ家ニ寄食セシガ後ニ事ヲ以テ相惡
ミ遂ニ賴朝ヲ殺サントセシカバ賴朝去リテ時政ニ倚レリ時政ハ

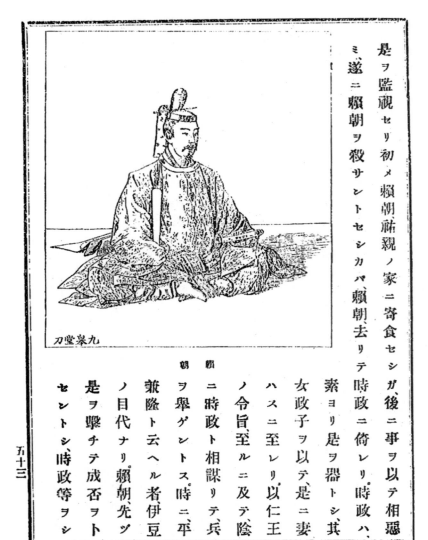

九條堂刀

素ヨリ是ヲ器トシ其
女政子ヲ以テ是ニ妻
ハス二ニ至レリ以テ仁王
ノ令旨至ルニ及デ陰
ニ時政ト相謀リテ兵
ヲ舉グントス時ニ平
兼隆ト云ヘル者伊豆
ノ目代ナリ賴朝先ヅ
是ヲ擊チテ成否ヲト
セントシ時政等ヲシ

五十三

ノ名刀ヲ延壽ニ托シ、去リテ關東ニ行キシガ、途ニシテ平賴盛ノ臣、

平宗清ノ手ニテ虜ニセラレタリ。

賴朝既ニシテ六波羅ニ逆致セラレ、日ナヲズ斬セラレントスルニ

臨ミ、宗清是ニ謂ヒテ曰ク汝活キント欲スルカ曰ク然リ父兄皆死

セリ、吾ニアラズシテ誰カ其冥福ヲ祈ル者アラント宗清因テ窃ニ

清盛ノ繼母池尼ニ申シテ、死ヲ宥サンコヲ請ヒ、重盛賴盛モ亦是ヲ

請ヒシカバ清盛已ムヲ得ズシテ死罪ヲ宥シ、伊豆ノ蛭ガ小島ニ流

シタリ、路傍ノ觀者其風釆凡ナラザルヲ見テ、陰ニ窒ヲ屬シタリ。然

ルニ、池尼及其舊臣ハ皆髮ヲ創ランフヲ勸メシガ、ヒトリ賴盛安、

其耳ニ附ケテ語リテ曰ク郎君宜シク髮ヲ存シテ前途ヲ待ツ可シ

ト。賴朝首昔シテ去レリ。

賴朝ノ伊豆ニアルヤ伊東祐親北條時政ノ二人平氏ノ命ヲ奉シテ、

陶器、磁器ノ製法ハ、モト支那人ノ自ヲ誇ル所ナリシガ、今ハ吾國ヨ
リ製出スル者、却テ其右ニ出ヅルノ勢アリ。故ニ年々外國ニ輸出ス
ル者モ、少シトセズ。

溷掛ケルコ。（フルヒニ）
揑聚メルコ。（コネアッ）

博士ノ如ク
マレナリ。

水飛　水ニトカレテ、ツハズミ
ト下ズミトヲ造ルコ。

第二十一課　源賴朝ノ傳　一

源賴朝ハ、小字ヲ鬼武者ト稱ス。左馬頭義朝ノ第三子ナリ。平治ノ亂
ニ、年十三ニシテ父兄ト共ニ大内ニ據リ、射テ二人ヲ殺シタリ。軍敗
ル、ニ及テ東走シ、途ニ父兄ト相失ス。漁人アリ、賴朝ヲ見テ、其常人
ニアラザルヲ知リ、爲ニ裝ヒテ女子ト爲シ送リテ美濃國青墓驛ノ
延壽ノ家ニ至ル。延壽ハ、義朝ノ嘗テ愛シタル女ナリ。賴朝更ニ、鬚切

五十一

磁器ノ傳ハラザリシ以前ハ、土燒ノミヲ製シタリ其製法ハ粘土ヲ

舂キ碎キ、淘シテ水飛シ更ニ是ヲ乾シテ博ト爲シ以テ輪車ニ載セ、

揣若シクハ篦ヲ以テ形ヲ造リ、再ビ是ヲ乾シタル後窯ニ入レテ燒

クナリ、是ヲ素燒ト云フ、此素燒ニ釉ヲ施シ更ニ窯ニ入レテ燒キ、而

シテ後、畫ヲ要スル者ハ、礬紅紺青燒青ナドヲ以テ繪ヲ畫キ再ビ

是ヲ明鑑ニ入レテ燒クヲ法トス、磁器ノ製法ハ、稍是ト異ナリ、先ヅ、

硅石ヲ粉末ニシテ陶土ヲ和シ、是ヲ水飛シ捏漿シテ博ト爲ス、是ニ

於テ、是ヲ輪車ニ載セテ坯ヲ造リ、略ゝ乾シテ後再ビ輪車ニ載セ刀ニ

テ坯ヲ削リテ、厚薄偏側ナカラシメ、是ヲ乾シタル後ニ素燒ト爲ス。

巳ニ素燒ニスレバ、是ニ釉ヲ施シ更ニ窯ニ入レテ是ヲ燒キ其冷ニ

ルヲ候ヒテ窯ヨリ出ダス。是ヲ清花ト云フ、而シテ後其上ニ彩畫ヲ

施シ、再ビ明鑑ニ入レテ、是ヲ燒成スルナリ。

フナシト云ヘリ.

第二十課　陶器ノ製法

陶器ハ古代ヨリ造リタル者ニシテ、是ヲスエモノト云ヘリ、サレ﹅、

其製法ノ巧妙ニ至リシハ、加藤景正ト云フ人ニ始マレリ、此人ハ尾

張國春日井郡瀬戸村ノ陶工ニシテ、今ヨリ犬凡ソ六百年前後堀河

天皇ノ時ニ、始テ支那ノ製法ヲ吾國ニ傳ヘ其製出セシ所ノ者甚ダ

多シ、是ヨリ、各地ニテ製スル所ノ陶器モ概ネ、亦瀬戸物ト呼ブニ至

レリ、其後、三百餘年ヲ經テ伊勢ノ松坂ニ、祥瑞ト云フ人アリ、支那ニ

入リテ、始テ磁器ヲ製スルノ法ヲ學ビ、還リテ是ヲ肥前唐津ノ工人

ニ傳フ、是ニ於テ磁器ノ製、始テ吾國ニ盛ナリ、今ハ尾張ノ瀬戸、肥前

ノ有田西京ノ清水等ハ、陶器ノ製造ヲ以テ殊ニ有名ナリ.

片ハ、此脂肪質ヲ以テ生命ヲ繋グナリ、ザレバ已レ自ラ是ヲ食フニ

ハアラズ、食物ヲ食ハザルコ久シケレバ、肉塊自然ニ減少シ、其脂肪

質、体中ニ入リテ、血液ト混合シ以テ身体ヲ滋養スルノ資料トナル

ナリ、

此肉塊ヨリ猶奇異ナルハ、駱駝ノ胃ノ腑ナリ、凡ソ胃ノ腑ハ他ノ動

物ニアリテハ、生活ニ必要ナル食物ヲ入ルヽ者ナリ、然ルニ駱駝ノ

胃ノ腑ハ、食物ヲ入ルヽノミナラズ、數個ノ水胖アリテ、遠行スル時

ニハ、先ヅ多量ノ水ヲ飲ミ、是ヲ貯ヘテ久シク渇セザルコヲ得ベシ、

斯ク此水胖ハ駱駝ノ渇ヲ醫スト雖モ、是ガ爲ニ其生命ヲ奪ハルヽ

コアリ、是レ其御者ガ貯ヘ來リタル水ヲ飲ミ盡シ、他ニ水ヲ得ルノ

道ナキ時ハ、是ヲ殺シテ、其水胖中ノ水ヲ飲ムコアレバナリ、然レバ、

駱駝一頭ノ價ハ、數百圓ニ上ルガ故ニ、必死ニ迫ルノ外ハ是ヲ殺ス

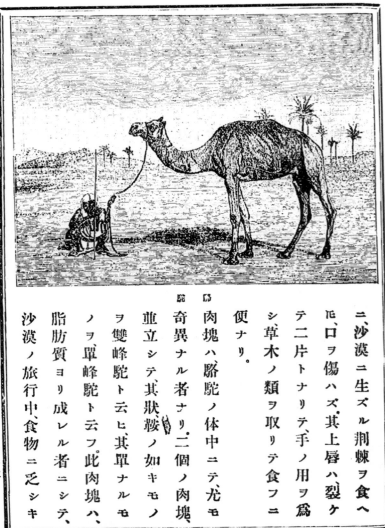

二、沙漠ニ生ズル荊棘ヲ食ヘ
㆑口ヲ傷ハズ其上唇ハ裂ケ
テ二片トナリテ手ノ用ヲ爲
シ草木ノ類ヲ取リテ食フニ
便ナリ．

肉塊ハ駱駝ノ体中ニテ尤モ
奇異ナル者ナリ．二個ノ肉塊、
並立シテ其狀鞍ノ如キモノ
ヲ雙峰駝ト云ヒ其單ナルモ
ノヲ單峰駝ト云フ此肉塊ハ、
脂肪質ヨリ成レル者ニシテ、
沙漠ノ旅行中、食物ニ乏シキ

紋羽織 モンパヲリ・

第十九課　駱駝

人ノ使役スル獸類中ニテ駱駝ノ如ク奇異ナル者ハアヲザルベシ・

馬ト牛トハ世界到ル處ニ是ヲ使用スレヒ駱駝ハ熱帶地方ノ沙漠

ニ於テノミ使用スルモノナリ・故ニ是ヲバ沙漠ノ船ト云フ・

駱駝ハ其体格醜クシテ馬ノ如ク美麗ナラズ背ニ一個若シクハ二

個ノ肉塊アリ・全体ハ薄キ茶褐色ノ毛ヲ盡ヒ脚長クシテ膝ニハ硬

キ皮アリ・此皮アルガ爲ニ砂礫ノ上ニ坐シテモ審ヲ受クルコトナシ。

臁ニハ厚皮アリ幅廣クシテ扁平ナルガ故ニ沙漠ヲ渡ルニ當リ馬

蹄ノ如ク是ニ踏ミ込ムノ恐ナシ其口ノ内部ハ骨多クシテ硬キ故

四十六

和歌山縣廳ハ酒訂町ニアリ.市街ハ城ノ四方ニアリテ、中ニモ本町通ヲ最モ繁華ノ地トス.町數ハ四百五町ニテ、人口ハ凡ソ五萬六千餘アリ.

紀ノ川ハ、大河ニシテ、其上流ハ、大和ノ吉野川ナリ、和歌山ノ北ニ流レ來リテ西ニ行キ遂ニ海ニ入ル.紀ノ川口ヲ雄ノ湊ト云フ川流ハ、三十里アリテ運漕ノ利殊ニ多シ.

和歌浦ハ又明光浦トモ云ヘリ.山海ノ風景極テ明媚ナルニヨリ、古來、有名ノ勝地ナリ.其東ニ當リ、名草山ノ山腹ニ、紀三井待アリ.和歌浦ヲ眼下ニ望ミ其景色頗ル佳ナリ.

和歌山ノ産物ハ、緞絲紋羽織雲齋織孫六足袋松葉傘、名草燒等ナリ.近年ニ至リテ、葦紙靴、フランネルヲ製出スルコ盛ナリ.南方二里ヲ隔テ、黑江村アリ.其漆器殊ニ名高シ.

四十五

ノ川ヲ帶ビ南ハ和歌浦ニ接
ス紀ノ川ヨリ水ヲ引キテ市
街ノ東南部ヲ貫キ是ヲ和歌
浦ニ注グ.

和歌山城ハ街區ノ中央ニア
リ此地モト岡山ト云ヘリ天
正年中ニ羽柴秀張ノ築キシ
所ナリ徳川家康ノ子頼宣其
城主タルニ及ビ大ニ是ヲ改
築シ今ノ名ニ改メ遂ニ今日
ノ如キ繁華ノ都會トナレリ.

四万五千分之一

四十四

斯ク水ハ岩石ヲ碎キ砂石ヲ流スガ爲ニ、陸地上ノ變化ヲ生ズルこ、

實ニ大ナル者アリ、彼大河ノ河口ニ砂洲若シクハ三角洲ノアルハ、

皆是レ水ノ積成スル所ナリ。又海岸ノ漸次ニ水ニ奪ヒ去ラレ若シ

クハ漸次ニ土砂ヲ積聚スルモ亦是レ水ノ力ナリ。斯ク雨水ハ岩石

ヲ碎キテ、斷片細砂ノ量ヲ增シ河海ノ水ハ主砂ノ位置ヲ變換シテ

止マザレバ千百年ノ後ニハ巍々トシテ雲ニ聳ユル山岳モ變シテ

大海トナリ、洋々トシテ天ニ接スル大海モ亦遂ニ陸地トナルノ日

アルベシ。水ノ勢力モ亦大ナリト謂ッ可シ。

砂礫石　砂ノ固マリテ出來スル石ナリ、英語ニテ

サンド、ストーン（Sandstone）ト云フ。

第十八課　和歌山

和歌山ハ紀伊國ノ西北隅名草郡ニアリテ、海部郡ニ跨リ、北ニハ紀

四十三

吾等ノ周邊ニハ、當ニ變化ノ絕ユルコトナシ。只其變化タル、極テ徐々

ナルガ故ニ、吾等是ヲ知ルニ由ナシ。是レ其變化ハ、數百年ヲ積ムニ

アラザレバ見ル可ヲザレバナリ。然レヒ其變化ヲ致ス物ノ中ニ就

キ、勢力極テ大ナル者ハ即チ水ノ作用ナリ。

少量ノ水能ク岩石ヲ破碎スト云ハヾ、人或ハ是ヲ信ゼザルベシ。然

ルニ、雨水ガ砂巖石ノ上ニ溜ルトキハ、日光ト空氣トニ暴露スルノ久

シキ、遂ニ砂巖石ハ斷片細砂トナリテ、剝落スベシ。又水能ク沙石ノ

位置ヲ變換スト云ハヾ、人或ハ是ヲ疑フナラン。然ルニ漂漫トシテ

溪澗ヲ流ル、水ハ當ニ水底ノ砂石ヲ流下シテ、其位置ヲ變換セシ

ム。故ニ今日ノ深淵ハ、明日ハ却テ淺瀨トナル事アリ。況ヤ春風氷ヲ解

キテ、積雪融解スルノ時ニ當リテハ、河水暴漲シテ、山ヲ崩シ谷ヲ埋

ムコトアルニ於ケルヲヤ。

四十二

ト云フ噂モアレバ、只此儘ニテアレカシト云フヲ、競、イヤトヨ、勇士

ノ贇、サハアラズトテ、宗盛ヨリタビケル鎧着テ、小糟毛ニ乘リ、耶等

七騎、打連レテ三井寺ヘトテ打出デシガ、六波羅ノ門前ヲ通リシ時、

馬ニ乘リナガラ門ノ内ヘノゾキツ、高聲ニ云ヒ入レケルハ、競コ

ソ、只今下シ賜ハリシ馬ニ乘リ、三井寺ヘ罷リ越シ候ヘ、御眷顧蒙リ

候ヘヒ、三位入道ノ恩忘レ難ク候ヘバ、此度死ヲ共ニ致スニテ候フ。

御門前ヲ空シク打過ギンハ、本意ナク候ヘバ、御暇ヲ申シ候フトテ、

三井寺ニ至リ、賴政ト一所ニナリシガ、其後宇治橋ノ合戰ニ潔ク討

死シテケリ。腹蟲雜話

第十七課 水ノ作用

時ノ花ヲカザシニセヨ 時メク人ニ附キ
従フフヲ云フ

デ皆具シテタビケリ・

競畏リ給ハリテ、ホク
ソ笑ヒシテ罷リ歸リ
ヌ・

一族家人打チ寄リテ、
入道殿是程ノ大事ヲ
思ヒ立チ給フニ一人
取殘サレシハ眞實ニ
遺恨ナリ大將ノ斯ク
ウチタヘカタラヒ給
フハ、イナミガタシ時
ノ花ヲカザシニセヨ

四十

令旨仰セラル

第十六課　渡邊競ノ話

渡邊競ハ源三位入道賴政ガ所從ノ士ニハ第一ノモノナリ。然ルニ、

治承中賴政高倉宮ヲ勸メテ、兵ヲ起シ、時京師ヲ急ニ發シテ、倉皇

トシテ三井寺ヘ赴キシガ、打チ忘レテヤアリケン、競ニ斯クト知ヲ

セザリシ程ニ競暫ク猶豫シテ家ニアリシヲ、平宗盛聞キテ、日頃競

ガ魁偉ナルヲ見テ已ガ所從ニセマホシク思ヒシガ賴政ガ親臣ナ

レバ請フベキ樣モナカリシニ、此度競一人都ニ殘リシト聞キテ、六

波羅ニ參レト人シテ言ハセケレバ宗盛對面シテ、汝今ヨ

リ我ニ事ヘバ入道ノ恩ニハマサルベシトテ、小糟毛ト云フ馬ニ貝

鞍オキ乘カヘノ料トテ遠山ト云フ馬ヲ引キツヘ黑糸威ノ鎧冑マ

平氏ノ罪ヲ鳴ラシテ、是ヲ討ゼントセリ.

已ニシテ清盛其謀ヲ知リ、兵ヲ遣シテ王ヲ高倉宮ニ圍マシメ、是ヲ

土佐ニ流サントセリ.賴政因テ王ヲ園城寺ニ遁レシメ、子ノ仲綱兼

綱等ト共ニ是ニ從ヘリ.南都及ビ福寺ノ僧徒モ、亦皆王ヲ援ケタリ.

是ニ於テ賴政宇治河ノ橋板ヲ撤セシメ、平軍ヲ邀ヘテ善ク拒ギシ

ガ、敵遂ニ流ヲ濟リテ進撃シ、大ニ敗ラル.賴政モ亦流矢ニ中リ

テ膝ヲ傷ケ、遂ニ平等院ニ入リテ、仲綱等ト共ニ自殺ス.年七十七ナ

リ.王ハ南都ニ赴カントシ、途ニシテ亦流矢ニ中リテ薨ゼラル.平軍

因テ首ヲ京師ニ傳ヘタリ.

斯ク賴政ハ事成ラズシテ敗死スト雖モ、諸國ノ源氏ハ、王ノ令旨ヲ

奉シテ東西ニ競ヒ起ルニ至レリ.源賴朝ノ東國ニ起リ、木曾義仲ノ、

信濃ニ起リシハ賴政ノ主トシテ義ヲ唱ヘタルニ由ルナリ.

藥ヲ開キ、晝間ハ、是ヲ閉ヂタリト云ヘリ.

關節ノ

作用
ハメラキ.

第十五課　源賴政兵ヲ起ス

源賴政ハ賴光五世ノ孫ニシテ、兵庫頭仲正ノ子ナリ.嘗テ敕ヲ奉シ
テ、怪禽ヲ宮殿ノ屋上ニ射トメタレバ、人皆其技倆ノ、勝レタルヲ嘆
賞セリ.年老イテ從三位ニ叙セラレ落髪シテ致仕ス.

此時ニ當リ、平氏ノ權勢、益盛ニシテ清盛ノ專橫日ニ甚シク遂ニ後
白河法皇ヲ幽閉シ奉ルニ至レリ.然ルニ法皇ノ第二子以仁王ハ、其
母法皇ノ寵ナキガ爲ニ年長ズルモ親王ト爲ルノコヲ得ズ賴政因テ
王ヲ奉シテ義主ト爲サント欲シ其利害ヲ說キシニ王、其言ヲ聽キ
テ慨然トシテ是ヲ許サレタリ.是ニ於テ諸國ノ源氏ニ令旨ヲ傳ヘ、

瑞典ノリンネウス（Linnaeus）ト云ヘル人ハ、植物學ノ大家ナリ、此人ハ、

植物ニ、前ノ如キ運動アル事ヲ發明シテヨリ以來、毎夜、少シモ眠ヲ

ズシテ、庭園ニ出デ植物學上ノ事實ヲ研究セリ、十數日研究ノ後、植

物ガ、藥ノ位置ヲ變ズルハ、一二ニ止マラズ、尋常ノ植物ニテモ、細ニ

研究スレバ多少此力ヲ具フルコヲ知レリ、且其位置ヲ變ズルハ、日

光ヲ見ザルガ爲ニ起ル者ニシテ、寒冷ノ空氣其原因ニアラザルコ

ヲ知リタリ．

其後、又或ル植物學者ハ、其事實ノ正確ナリヤ、否ヤヲ疑ヒ、オジギサ

ウノ類ヲランプノ光ニ觸レシメテ、是ヲ試驗セリ、此學者ノ試驗ヲ

聞クニ、夜ハ植物ヲランプノ光ニ觸レシメ、晝ハ、是ヲ幽暗ノ地ニ置

キタリ、然ルニ、初ハ、其藥ヲ開閉スルコ正シカラザリシガ、數日ノ後

ニ至リ、全クランプノ光ノ爲ニ反對ノ作用ヲ起シタリ、即チ夜分ハ、

二、是ヲ開クベシ、至

サレバ、日沒ニ至

レバ、自ラ是ヲ閉

ズ、日出ニ至ラザ

レバ是ヲ開クコ

ナキヲ常トセリ．

オジギサウノ外

ニモ、晝夜薬ノ位

置ヲ異ニスル者

少シトセズ.カタ

バミサウノ如キモ其

一ナリ或ル植物學者ハ、是等ノ類ヲ總テ植物

ノ睡眠ト名ゲケタリ．

オジギサウ

酸素ハ其五分ノ一ナリ。炭酸水蒸氣ノ二ハ、時ト處ト二由テ、其量一

定セザレドモ、酸窒ノ二素二比スレバ、極テ少量ナル者トス。是ヲ要ス

ルニ是等ノ四成分ハ、動植物ノ生存二必要ナル者ナリ。

第十四課　植物ノ睡眠

汝等ハ、オジギサウト云ヘル草ヲ見シ者ハ、此草ヲ見シ者ハ、オジ

誰モ、其葉ノ鋭キ感覺アルニ驚キタルナラヲ或ル植物學者ハ、オジ

ギサウニ觸ルレバ、其葉直二三樣ノ運動ヲ爲スヿヲ發見セリ。其一

ハ、數多ノ小葉其表面ヲ閉ヂテ直二前方二傾クベシ。其二ハ扇子ノ

骨二似タル四個ノ小葉柄互二相近ヅクベシ。其三ハ、小葉柄ノ附着

スル尋常ノ葉柄ハ、幹二接スル所ノ關節ヲ動カシテ、直二下方二懸

垂スベシ。豊間ハ此葉ニ觸ルレバ、直二是ヲ閉ヂ後又漸ク本ノ如ク

三十四

又空氣ハ絶エズ運動スル者ナリ。其運動ヲ風ト云フ。今其運動遲緩

ナルトキハ、人ノ感情ヲ和ゲ、草花木葉ヲ搖カスノ微風トナリ、其運動、

强烈ナル時ハ、船艦ヲ破リ、家屋ヲ倒スノ大風トナルナリ。而シテ風

ハ、吹キ來ル方向ニ由テ名ヅクルヲ常トセリ。例ヘバ、南ヨリ來レバ、

是ヲ南風ト云ヒ、北ヨリ吹ケバ、是ヲ北風ト云フガ如キ是ナリ。

吾等ハ常ニ空氣ニ觸レザルコトナキニ由リ、却テ其性質效用ヲ明メ

ザルコトアリ。古代ノ人モ審ニ其性質效用ヲ知リタルニハ非ザレド、

只其人生ニ必要ナルコトノミハ、知了セシ者ノ如シ。彼地、水、火、風ヲ四

大ト爲シタルガ如キハ、其一例ナリ。

空氣ハ單純ナル物ノ如シト雖モ、其實ハ種々ノ物ヨリ成レリ。種々

ノ物トハ何ゾ即チ酸素窒素炭酸水蒸氣ノ類是ナリ。其中ニテモ窒

素酸素ハ壺テ緊要ナル者ニシテ窒素ハ其容量ノ五分ノ四ヲ占メ、

三十三

第十三課　空氣

此地球ヲ圍繞スル者ハ何ゾ即チ空氣ナリ空氣ハ地球ヲ圍繞スル

厚サハ凡ッ四十五哩モアリテ、無色無臭ノ瓦斯体ナリ、其質透明ナ

レバ、眼ト物体トノ間ニ存スル空氣ノ有無ヲ知ルコ能ハズ、サレド、

是レ瓦斯体ナルガ故ニ其分子ノ彈力ハ極テ強ク、一タビ是ヲ壓迫

スル力ヲ去レバ忽チ奔出スベシ.

空氣ノ重量ハ海面ニテ、一平方寸毎ニ千六百斤ノ壓力アリ然ルニ、

吾等ノ身体ガ斯ク重キ壓力ヲ感ゼザル所以ノ者ハ何故ナルゾ卽

チ身体ノ内外ヨリ壓迫スル力相均シケレバナリ海面ニテノ壓力

ハ、斯ク重ケレドモ是ヲ距ルニ從テ漸ク稀薄トナルベシ彼富士山ノ

如キ高峰ニ登ルドモハ吾等ノ呼吸次第ニ促迫スルハ卽チ空氣ノ稀

薄ニナリ行クガ故ナリ.

源平盛衰記

ハ、舍人、雜色、馬ヲ靜メント庭上、上ヲ下ヘ返シテ狼藉ナリ。酒宴ノ人

人モ少々、座ヲ立チケルニ、瓶子ヲ直垂ノ袖ニ掛ケテ頸ヲゾ打チ折

リテケル。大納言是ヲ見テ嗚呼事ノ始ニ、平氏倒レ侍リヌト申サレ

タリ。面々喫逆ノ繪ナリ。嫌瀬ツイ立テ、大方近代アマリニ平氏多ク

シテ、持テ酔ヒタルニ、飫ニ倒レタル平氏頸ヲバ取ルニ

如カズトテ、是ヲ差上ゲテ一時舞ヒタリ。サテ、取リタル首ヲバ懸ク

ベキナリトテ、大路ヲ渡スト云ヒテ廣緣ヲ三度廻ハシ、獄門ノ樗ノ

木ニ懸クト名ヅケテ大床ノ柱ニ烏帽子懸ニ貫キヲ結ビ付ケタリ。

サ、ヤキ コツ〳〵 ト話ス。

喫壺ノ會 互ニ喜ビテ集會ナリ。

樗ノ木 古ハ罪人ノ首ヲ斬リテ因テ獄司ノ門前ナル樗ノ
木ニ掛ケタリ。因テ後世ハ直ニ是ヲ獄門トイフ。

瓶子 ヘイシヲ後世ノ銚子ナ
リ、字音平氏ニ通ス。

第十二課　鹿谷ノ軍評定

鹿谷ニハ軍ノ評定ノ爲ニ人々多ク集マリテ、一日酒盛リシケリ。多
ク藏人ガ前ニ、杯ノ、アリケルニ新大納言青侍ヲ招テサ、ヤキ給へ
リ。青侍、マカリ立テ程ナク長櫃一合、縁ノ上ニ昇キ居ユタリ。尋常ナ
ル白布五十端取リ出ダシテ藏人ガ前ニ積ミ置カセテ大納言ノタ
マヒケルハ、日頃談議中ニ侍リツル事、大將軍ニハ、一向ニ懸ミ奉ル。
其弓袋ノ料ニ進ラスルナリ。今、一度候ハ、ヤトゾ強ヒタリケル藏
人居直リ畏リテ、三度飲ミテ布ニ手打チ懸ケテ押シ除ケタレバ郎
等侮リテ起リテ其後押シマハシ押シマハシ得タリ指シタリス
ル程ニ、既ニ晩ニ及ブ庭ニ用意ニ持チタリケル傘ヲアマタ張リ
立テタリ。山下シノ風ニ笠共吹カレテ倒レケレバ引キ立テ引キ
立テ置キタル馬共驚キテ、散々ニ驅ヰ踊リ、食ヒ合ヒ踏ミ合ヒシケレ

ヲ賣レリ.廣島牡蠣ト稱シ
テ甚ダ有名ナル者ナリ.
嚴島ハ廣島ヨリ西南五里
ヲ隔テタリ.島中ニ嚴島神
社アリ.國幣社ニ列セラル.
此社アルニ山テ宮島トモ
呼ベリ.社壯麗ニシテ海
上ニ廻廊ヲ架ケ廻シ,潮
滿ツレハ波上ニ浮ブガ如
シ.其風景秀美ニシテ,日本
三景ノ一ナリ.

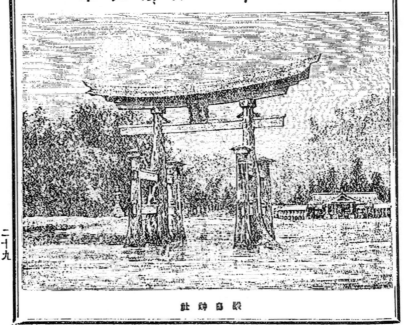

嚴島神社

ハ、小浪華ト云ヒテ誇レリ、人口ハ、七萬三千ニ餘リテ、中國第一ノ都

會ナリ。

此地ヲ古ハ、五箇庄ト云ヘリ、其頃ハ蘆葦繁生セル海濱ナリ、天正年

中、毛利元就山陽、山陰十國ノ太守トナリ、始テ此處ニ城ヲ築キタリ、

慶長年間ニ至リテ、福島正則茲ニ移リ居タリシガ、其後淺野長晟代

リテ本州ニ封ゼヲレテ城主トナリ、其後子孫、世襲ス明治維新ニ至

リ廢シテ廣島縣ヲ置ク。

舊城ハ市街ノ中央ニ位スレ圧稍北方ニ偏セリ、今ハ城中ニ廣島鎮

臺ヲ置ク、本安橋ヲ市區ノ中心ト定ム、細工町塚本町等ハ城ノ南ニ

アリテ最モ繁華ナル市坊ナリ。廣島縣廳ハ中島ト云フ處ニアリ。

廣島ノ製造物ハ繰綿蚊帳地鍬傘等ナリ。海邊ノ牡蠣田ト云ヘル者

ハ人工ヲ以テ牡蠣ヲ繁殖セシメ常ニ大坂等ノ各地ニ持チ出ダシ

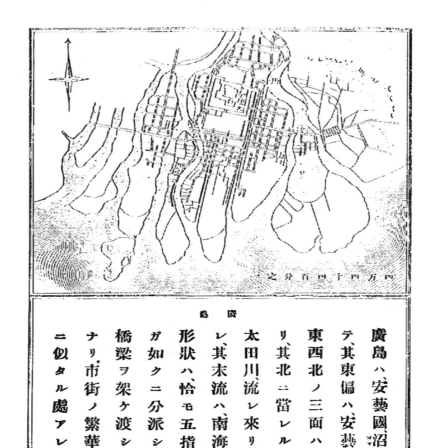

四万四千十四百分之一

廣島

廣島ハ安藝國沼田郡ニアリ
テ、其東偏ハ安藝郡ニ跨レリ.
東西北ノ三面ハ岡陵相連ナ
リ、其北ニ當レル岡ノ間ヨリ、
太田川流レ來リテ數派ニ分
レ、其末流ハ南海ニ入ル川ノ
形狀ハ恰モ五指ヲ開キタル
ガ如クニ分派シ其上ニハ皆
橋梁ヲ架ケ渡シテ往來自由
ナリ.市街ノ繁華ナルハ大坂
ニ似タル處アレバ、土地ノ人

二十七

トスルアリ、或ハ彼力アル尾ヲ振ヒテ小艇ヲ打チ碎キ、數十人ノ水

夫ヲ魚腹ニ葬ルコアリ、捕鯨ノ危險ハ斯ク千態萬狀ニシテ是ヲ詳

述シ難キ者多シ、

サレモ斯ル危險ヲ冒シテ勇ミ進メル水夫ノ豪氣ハ、如何ニヅヤ彼

兵卒ガ戰場ニ向ヒテ、身ヲ棄テ國ニ報ユルニ異ナル所ナシ、但シ水

夫ハ國ヲ利センガ爲ニ危キヲ忘レ、兵卒ハ國ヲ護ランガ爲ニ其身

ヲ棄ツ、是レ其異ナル所ナレモ、勇奮突進シテ命ヲ塵芥ヨリモ輕シ

トスルハ、倔强ナル水夫ノ勇氣却テ勝リタルカモ測リ難シ、サレバ、

其勇奮突進スル氣槪ハ誰人モ慕フベキ事ナリ、

銛 モリト云フハ、銛ノ如キ者ナリ、

第十一課 廣島

ビ出ヅ此時水夫等ハ繩ヲ以テ、

鯨ヲ船側ニ繫ギ其脂膏ヲ取リ

テ是ヲ桶中ニ收ムルナリ.

前ニ記セル所ハ捕鯨ノ一斑ヲ

述ベタルノミニテ其危險ニ至

リテハ猶恐ル可キ者少シセ

ズ.或ハ海中ニ漂ヘル氷塊ニ衝

突シ又ハ氷山ニ觸レテ船ヲ破

ルコアリ.或ハ負傷セル鯨ノ突

進シ來リテ小艇ヲ覆シ直ニ是

ヲ沈ムルコアリ.或ハ其勢烈シ

クシテ小艇ヲ断チ切リテニ片

本邦捕鯨ノ模樣

巳ニ浮ビ出ヅレバ急ギ是ヲ船將ニ報ズ是ニ於テ船將ハ數個ノ輕

舟ヲ仰サシメ、水夫ニ命シテ其舟ニ乘ラシム。水夫ハ乃チ是ヲ漕ギ

テ、鯨ノ處ニ進行スルナリ。

水夫ハ、一人ヅヽ、數多ノ輕舟ノ前方ニ立チ其舟既ニ鯨ノアル所ニ

進ムトキハ各是ニ向ヒテ手ニ携ヘタル銛ヲ擲ツ鯨ハ傷ヲ負ヒナガ

ヲ、忽チ洋底ニ潛ムト雖モ銛ニ繋ギタル長繩ハ猶鯨ノ身ニ附キ纏

フナリ。

輕舟ハ更ニ鯨ヲ窮追セント急ギ潛ミクル處ニ向ヒ再ビ浮ビ出ツ

ルヲ候ヒテ直ニ初ノ如ク銛ヲ擲テバ鯨又傷ヲ受ケテ洋底ニ潛ム。

然レドモ鯨ハ空氣ヲ呼吸センガ爲ニ浮バザルコヲ得ザレバ尙モ再

三、水面ニ浮ビ出ヅルヲ其度毎ニ銛ヲ擲ッ斯ク頻ニ銛ヲ擲ツニヨ

リ、鯨モ後ニハ其血液ヲ失ヒ漸ク衰弱シテ遂ニハ斃レテ、水面ニ浮

鎭まりましぬ年ハ三千とせ、代ハ百はたち御いさを仰げ.

第十課　鯨獵

南北ノ二海ハ鯨類ヲ産スル「彩シ.ザレバ、歐羅巴及亞米利加ヨリ、

年々數多ノ船ヲ出ダシテ是ヲ獵取ス.其業ハ殊ニ危險ナル者ナレ

モ、毎歳鯨獵ノ期ニ至レバ、儅強ノ水夫ハ其危キヲ危シトモ思ハズ

シテ競ヒテ是ヲ獵取セントスルハ、只其利ノ莫大ナルガ故ナリ.

鯨ハ獸類中ノ最モ大ナル者ニシテ、其中ニテモ殊ニ大ナルハ、六七

丈ナル者アリ.其形ハ恰モ魚ノ如クナレバ、水中ニ住メルニ殊ニ宜

シク、前肢モ尾モ鰭狀ニシテ尾ノ力ハ甚ダ強シ.

捕鯨船已ニ獵場ニ至レバ、一人ノ水夫先ヅ檣頭ニ上リテ兼テ繋ギ

置ケル篕ノ中ニ坐シ、遙ニ海面ヲ望見シテ鯨ノ浮ビ出ヅルヲ候フ.

十分ノ兵糧ヲ蓄ヘ、熟練ナル將校ノ號令ノ下ニ、一舉シテ敵兵ヲ破

ルヲ得ベク、又太平ノ時ニ當リテハ父母妻子兄弟皆同居シテ相樂

ミ、雨露霜雪ノ難ニ當ルコトナシ千里ニ糧ヲ貯ヘズシテ旅行スルモ、

飢ウルコトナク凍ユルコト無シ斯ル世ニ生レタルハ實ニ幸福ナル

コトナラズヤ.

第九課　太平ノ曲

一

ゆはずのさわぎ飛ぶ火の烟いつしかたえて治まる御世は、

あめつちさへも、轟くばかり、萬代までど君が代いはへ、

二

たひらの都、もゝしきの宮、みあとになして、むさしの國に、

輝キ閃キ瞬息ノ間ニ、生死存亡ノ分ル、境ナレド、更ニ躊躇スルコ

無ク、義ヲ勵マシ勇ヲ鼓シテ、矢砲、白刃ヲ冒シテ進ミ、只義ノ重キト

恩ノ深キトヲ知リ、進ミテ戰死ノ野ニ殘スノ幸榮アルモ、退キ

テ餘命ヲ耻辱ノ街ニ存スルノ未練トテハアラザリシナリ.

甲冑ヲ着ナガラ山野ニ彷徨シ刀槍、矢砲ノ疵、暑ニ膿ミテ、風ニ吹カ

ル、モ、敢テ意トセズ又時ニハ陣營ヲ造ルノ暇ナク、一夜二夜ハ森

林ノ中ニ潛ミ居テ夜ヲ明カシ藪蚊百足ナドノ毒蟲ニ攻メヲレ、或

ハ、雨露霜雪ヲ凌グモノトテモ無ケレバ病ニ罹ルコアルモ更ニ厭

フコアヲザリキ其艱難辛苦ハ實ニ譬フベキ者ナカル可シ.

今ノ世ハ文明ノ學術進步ト共ニ兵制整頓シ、武器完備シ戰爭ノ方

法モ、亦改進シテ昔時未開時代ノ如キ慘狀ヲ呈スル者ニ非ズ.一旦、

國家ニ事アルニ當リテハ、全國ノ壯丁皆奮起シ、最良ノ武器ヲ帶ビ、

薬ナドヲ食フコトナキニアラザリシナラン。

又毎日數里ノ道ヲ歩行シテ疲勞スルモ湯ニ浴シテ是ヲ醫スルコ

能ハズ。夜中ニテモ夜討ノ氣遣ナキニアラネバ甲冑ヲ枕トシテ少

シマドロム。ノミナリ夜具ノ用意ナドハ勿論アラザル故夏ハ、蚊ニ

刺サレテ、幾夜モ眠ヲヌコアリ。又冬ハ寒ニ甚ヘ難クシテ凍エ明カ

シ、未ダマドロム暇モナキニ、本陣ニテ一、二、三番ノ貝ヲ吹キ立ツレ

バ、諸軍、一同ニ起キ立チ着具ヲ固メテ出陣スルナリ。サテ陣營ヲ出

デ立ナデハ、昨日ノ如ク、險難切處ヲ嫌ハズシテ數里ヲ押シ行キ

明クル日モ暮ルル、夜モ概ネ前ノ如キ有樣ナリ。

第八課　古代ノ戰爭　二

サテ、戰塲ニ出ヅレバ、矢砲飛ビ出ヅルコ雨ノ降ル如ク白刃日光ニ

ヲ努シ此處ノ林、彼處ノ山陰ニ、敵ノ伏勢ヤアラント更ニ安キ心モ

ナカル可シ。食事モ、好キ物トテハ、食フコ能ハズ、握飯ニ、生味噌ノ添

ヒタルナドハ、先ヅ、好キ分ナリ。ソレヲ食ヒ終ハルモ湯茶ハ、言フニ

及ハズ、水ヲダニ飲マレヌコモ多カリシナヲン。

ヤガテ陣營ト定マリタル處ニ行キ着キテモ、固ヨリ陣營ノ設アル

ニアラザレバ早速、ソレニ入リテ休息スルコモナラズ將士打寄リ

テ、先ヅ竹木ヲ切リ集メ、小屋ヲ造リ、澁紙幕等ニテ屋根ヲ作リ、四方

ヲ圍ヒ、敷物トテモ、アラザレバ、草ヲ刈リ敷キテ其上ニ各座ヲ占ム

ルノミサテ、又水汲ミ、米炊ク事モ、ソレソレノ器物ナキ故黑米飯ニ

味噌ト、鹽トヲ入レテ汁ト爲シ、是ヲ食ヒテ各飢ヲ凌グマデナリ。斯

ル食物モ、時ニヨリテハ、一日、二日モ、食セザルコ多ク、只生米ヲ其儘

ニ食フコモアリ、又可シ。又兵糧ノ盡キタルトハ、犬馬ノ肉、木ノ實若

結納　カタク約束シテ妥ヘ了。

外氣　空氣ナリ。

第七課　古代ノ戰爭　一

今日ハ天下無事ニシテ、一般ニ何ノ苦慮モナキ安泰ノ世ナリ、斯ル

世ニ生レヌレバ、吾等ハ戰爭ト云フ事ハ舊物ニテ見ルカ若シクハ、

父祖ノ物語ニ聽キタルノミニテ、其當時ノ有樣ヲ考フルモ想ヒ及

バザル「多カランヲ・サレド吾等ノ今日アルハ皆吾等ノ祖先ガ、戰爭

ノ艱難ヲ經來リタルニ由ル者ナレバ、吾等モ亦我帝室ノ爲メ我子

孫ノ爲ニ其力ヲ盡サヽル可ラズ。サレバ茲ニ、聊昔時ノ戰爭ノ一班

ヲ記シテ、是ヲ示サント思フナリ。

先ヅ、諸軍ヲ催促シテ出陣スル時ハ其將士ハ皆生キテ還ラン心ハ

ナク、險難切處ヲモ押シ行キテ、今ヤ敵寄セ來ラント、一步一步ニ心

へり。

清盛其變ヲ聞キ怱ギ熊野ヨリ歸リ窃ニ上皇ト天皇トヲ迎ヘ奉ル。

因テ天皇ハ六波羅ニ幸シ、上皇モ亦仁和寺ニ幸セラル。天皇清盛ニ

詔シテ信賴義朝ヲ討タシメヲレシガ清盛ハ其子重盛等ヲ遣シテ、

是ヲ攻メシム信賴ノ軍遂ニ打チ破ラレ信賴ハ六條河原ニ斬ラレ、

義朝ハ尾張ニ走リ長田庄司忠致ニ依リシニ忠致是ヲ殺シ、首ヲ

京都ニ傳ヘ、左獄ノ樹上ニ梟ス。天皇因テ清盛重盛等ニ官ヲ授ケ位

ヲ進メシカバ清盛ノ勢威是ヨリ、稍盛ナリ。其時平氏ノ一族漸ク勢

カヲ得テ朝官ニ列スル者、六十餘人其采邑三十餘州ニ跨リ朝廷ノ

政事ハ細大盡ク清盛ノ決スル所ト爲ル是ニ於テ清盛ノ專橫殊ニ

甚シク上ハ天皇ヨリ下ハ士民ニ至ルマデ皆是ヲ嫌惡スト雖モ亦

如何トモスルコ能ハザルニ至レリ

其後四年ヲ經テ又平治ノ亂アリ.初メ藤原信瀬ハ後白河上皇ノ殊

過ヲ被リ寵ヲ怙ミテ近衞大將タワンコヲ望メリ.上皇是ヲ許サン

ト爲シ給ヒシニ少納言入道信西其不可ナルコヲ陳シテ是ヲ諫ム.

信賴其事ヲ聞キ疾ト稱シテ朝セズ.時ニ平淸盛ハ其女ヲ信西ノ子

二妻ハセ其勢位稍義朝ニ踰エタリ.義朝心ニ是ヲ快カラズ思ヒ居

タリシガ信賴其心ヲ知リ深ク相結納ス已ニシテ信賴ハ淸盛ノ熊

野ニ行キシヲ伺ヒ.義朝ト共ニ兵ヲ舉ゲテ後白河上皇ト二條天皇

トヲ幽閉シ已レ自ラ大臣大將ト爲リ.義朝ヲ播磨守ト爲ス.信西懼

レテ爲ス所ヲ知ラズ.地ヲ穿チテ自ヲ瘞ミ竹筒ニテ外氣ヲ通シテ、

纔ニ生息シ居タリ.信賴大ニ是ヲ索メ遂ニ其處ヲ掘リ首ヲ斬リテ

獄門ニ梟ス.是ヨリ朝會每ニ信賴諸公卿ノ上ニ坐シテ政事ヲ決セ

シガ其衣冠舉止.一モ天皇ニ異ナラズ世ノ人是ヲ恩右衞門督ト云

十六

二勸メテ其第四子ヲ立テラル・後白河天皇ト申スハ此御方ナリ・崇

德上皇ハ甚ダ是ヲ快カラヌ事ニ思ハレシガ其明年、鳥羽法皇ノ崩

シ給ヒシ時其喪ニ臨セントテ法皇ノ官ニ至ヲレシニ藤原惟方遣

詔ト稱シ拒ミテ門ヨリ納レズ・上皇大ニ怒リ遂ニ左大臣藤原賴長

ト謀リテ兵ヲ起サレタリ・是レ保元ノ亂ノ始メナリ・

源義朝平淸盛ハ後白河天皇ニ從ヒシガ義朝ノ父源爲義ハ其子賴

賢爲朝等ト共ニ崇德天皇ニ從ヘリ・賴長ハ其性、剛愎ナリケレバ爲

朝ノ計ヲ用ヒズシテ却テ義朝ニ敗ラレ遂ニ上皇ハ讚岐ニ遷サレ

給ヒテ、九年ヲ經テ、志度ノ鼓岡ニ崩ゼラル・賴長ハ其時流矢ニ中リ

テ死シ爲義ハ出デ、降參セリ・義朝頻ニ父ノ死ヲ免サレンコヲ乞

ヒシカド天皇免シ給ハズ・義朝已ムコヲ得ズ其臣鐮田正淸ヲシテ、

爲義ヲ殺サシメ又其子弟黨與、七十餘人ヲ斬リテ事始テ平ギキ・

十五

ナル者アリ、豌豆ノ如キ是ナリ、是等ノ物ヲ總テ變形葉トハ稱スル
ナリ.

花ノ形ニモ種々ノ變化ヲ生シ雄蕊雌蕊ニモ、亦各種ノ變化アリ、然
レモ、一定ノ標徴ヲ本トシテ、是ヲ研究スルトキハ、葉ナリ、花ナリ皆其
變化セシ所以ヲ知ルコヲ得ベシ、而シテ其變化セシ所以ヲ知ルハ、
植物ヲ研究スルニ於テ、殊ニ興味アル事柄ナリ.

花戸ハ ウヱ水屋ノコトナリ.

標徴ハ一種類中ノメシルシトナルモノ.

第六課　保元平治ノ亂

近衞天皇ノ、崩ゼラレシ時崇德上皇ハ、此度天位ニ登ルベキハ、我子
ノ重仁親王ナヲント思ハレ、世人モ、亦望ヲ親王ニ屬セリ、サレド、鳥
羽法皇ノ皇后、美福門院ハ、崇德上皇ノ胤ヲ立テンコヲ欲セズ、法皇

十四

是ヲ吾國ニ移植スルトキハ、次第ニ細小トナリ、高サ僅ニ四五寸ノ者

ニ變生ス.又薔薇萬年青蘭ノ如キハ花戸ノ是ガ變種ヲ作ル者幾百

ナルヲ知ラズ其變種ノ者ニ亦種々ノ名ヲ下シテ是ヲ愛玩スル者

多ク爲ニ其價ヲシテ數百圓ノ上ニ上ヲシムルコアリ.

植物全体ノ變化ニアラズシテ、

其一部分ノ變化ヲ生ズル者殊

ニ多シ.薬ニ就テ是ヲ云ヘバ薬

質變化シテ、鱗莖中ニ養分ヲ蓄

フル者アリ、百合ノ如キ是ナリ.

或ハ葉ノ一部變化シテ針形ヲ

成ス者アリ、ヒヽラギノ如キ是

ナリ.或ハ薬質變化シテ卷鬚ト

針刺及卷鬚

第五課　植物ノ變化

植物ニハ、土地、氣候ニ從テ、種々ノ變化ヲ爲ス者アリ。殊ニ食料トナルベキ植物ノ變化ハ、人々、是ヲ知ルヿ、最モ肝要ナリ。而シテ植物ノ變種ハ、土地、氣候ニ由テ生ズル者多シト雖モ、農夫、園丁ノ耕作、栽培ニ由テ、種々ノ變種ヲ生ズルヿ、亦少シトセズ。

蕪菁、大根ハ、耕作ノ爲ニ、種々ノ變化ヲ生ズル者ナレ圧、亦土地、氣候ニ由テ、自然ニ變生スル者アリ。赤色ノ蕪菁ヲ、一ノ地方ヨリ、他ニ移植スレバ、白色トナルヿアリ。又肥大ノ大根ヲ、他ニ移植スレバ、細ク小サキ者ト變ズルヿアリ。又野生ノ胡蘿蔔ハ細ク瘦セタルヿ、羽莖ノ如クナレ圧、是ヲ耕作スル片ハ、太ク長キ根トナルト云ヘリ。

斯ル變化ハ、ヒトリ食料トナルベキ植物ノミナラズ、盆栽ノ類ニハ、殊ニ多シトス。熱國ニ產スル大キサ石塔ノ如キサボテンモ、一タビ

人畜ヲ襲ヒ擊ッコトナシ。唯其身ヲ防ギ衛ヲンガ爲ニ已ムヲ得ザル

時ニハ、是ト格闘スルコトアルノミ。又夜間、旅人ガ其伴侶ト相失シテ

徘徊スルニ遇フモ、其伴侶ノ呼聲ノ聞ユル間ハ進ミテ是ヲ襲フガ

如キコトナシ。

獅子ノ住メル山野ニテハ獵夫其獵リ獲タル獸類ヲ獅子ニ攫ミ去

ヲル、コヲ防ガンガ爲メ其獲物ヲ樹枝ニ懸ケ其傍ニ白布ヲ垂ル

ルコアリ又ハ西洋馬具ノ鐙ヲ鈎ルコアリ然ルトキハ白布ノ風ニ翻

揚シ又ハ鐙ノ相撃チテ聲アル間ハ決シテ獅子ノ近ヅキ來ルコナ

シト云フ是レ其性怯懦ナルガ故ニ、人畜ヲ襲撃スルニハ必勝ヲ期

スレバナリ。

鬣 タテガミ。

趾端 アシノユビサキ。

芒刺 トゲ。

鞘状 刀ノサヤノ形状シタルヲ云フ。

ガ故ニ、他ノ動物ノ生肉ヲ

骨ヨリ剝ギ取ルヿヲ得ベ

シ。其動物ヲ捕フルノ狀ハ、

猶猫ノ鼠ヲ捕フルニ異ナ

ラズ。是レ獅子ト猫トハ、其

雛モ共ニ猫類ニ屬スルヲ

以テ其形狀習慣等亦相類

大小强弱大ニ相異ナリト

スル所以ナリ。

獅子ハ性狡猾ニシテ復雛

ヲ好メバ殊ニ怯懦ナルガ

故ニ、白晝ニハ自ヲ進ミテ

リシヲ知ルベシ.

巳ノ時 今ノ午前十時頃ナリ.

未時 今ノ午後三時頃ナリ.

申ノ時 今ノ午後四時頃ナリ.

第四課　獅子

獅子ハ頭大ニ体短ク胸張リ腹細ク其容貌、殊ニ勇猛ニシテ尾端ニ一簇ノ毛アリ.而シテ其牡ニハ頸ニ鬣アリ.四肢ニハ鋭キ爪ヲ具フト雖モ常ニハ是ヲ趾端ノ鞘狀ノ皮ニ藏メテ跳走スルモ耗損スルコ無ラシメ他ノ動物ヲ攫ム時ニ當リテ直ニ其爪ヲ張リ出ダスナリ.

其眼ハ圓大ニシテ光強ク瞳子豎ニ長ク顯ハレ耳ハ直立シテ前面ニ出デ口ハ大ニ齒ハ短クシテ強シ舌ハ粗糙ニシテ芒刺ヲ生ズル

九

蛇ナドノ配食モ起リ料理ノ法ハ漸ク具ハルニ至レリト云フ．

中世ノ初ヨリ器具ノ數ハ多クアリテ金石、土木ノ工人種々ニ創意

シテ是ヲ作リ出セリ其頃ハ總テ器具ヲ調度ト云ヒシガ後ニハ道

具ト云ヘリ道具トハ佛事ニ用フル器具ノコトナリシガ遂ニ俗間ニ

流レテ諸ノ器具ヲ斯ク呼ブコトトナレリ文書圖畫ノ具坐臥飲食ノ

器、裁縫織具ナドハ支那三韓ヨリ舶載シ又ハ是ヲ摸造シテ他

國ニ優ル物サヘモ出デ來レリ漆器ハ朝廷ニテ漆部司ヲ置キテ是

ヲ作ラシメ又ハ漆工ヲ勸勵シテ作ラシメヲレシカバ其製作次第

ニ進歩セリ延喜ノ頃ニハ蒔繪盛ニ行ハレ漆ニテ繪ヲ畫キ其上ニ

金粉ヲ抹セシコトハ其頃ノ書物ニ見エタリ又陶器モ初ハ専ラ支那

ヨリ舶來セル物ヲ貴ビシガ後ニハ尾張ノ陶器ヲ用ヒ青瓷ヲ尾張

ノ貢物ト爲スニ至リヌ．サレバ尾張ニテハ其頃ヨリ巳ニ陶器ヲ作

第三課　中世ノ風俗　二

飯ヲ喫スルコト當時朝ハ巳ノ時夕ハ申ノ時ト中スコトアレバ、天皇
ニモ二度ノ供御ニシテ、一般ニ一日二食ノ習慣ナリシナヲンコ其後
ニ至リテ晝ハ未ノ時夕ハ夜ニ入ルトアレバ其頃ヨリ三度ノ食ト
ナリシコ如ルベシ又佛法ノ盛ナリシ頃ヨリ、獸肉ヲ食スルコト大ニ
減シ時ノ天皇ハ頻ニ殺生ヲ禁ゼラレシノミナヲズ猪鹿ノ類ハ永ニ
ク御膳ニ進ムベカラズナド云フコアリ其後猪鹿ノ類ヲ獻ゼシ者
モアレド、其味時好ニ適ハズトテ代フルニ雉ヲ以テシ鹿ニ代
フルニ鮨又ハ雉ヲ以テシタルコアリキ飲食ノコハ總テ質素ニテ、
盛世ト稱セシ延喜年間ニテモ干魚海藻ニ鹽豉ヲ和シ、是ヲ蜜飴ノ
類ニテ甘クセシニ過ギズ其後ニ至リ、鯛鯉鱸ノ膾蠣ノ羹燒章魚蒸

七

ノ上ニ束ネ是ニ釵子櫛ナドヲ飾リシナリ。只賤シキ女子ナドハ常

ニ髪ヲ結ビタリト云フ兒童ハ貴賤トナク皆髪ヲ垂レ冠ヲ加フル

ニ及デ始テ髻ヲ結ビシナリ。

當時ハ、女子モ盛ニ馬ニ騎リシモノト見ェ、女子四十歳以上ハ馬ニ

乘ルニ縦横意ニ任ストノ詔サヘアリシヲ見レバ、或ハ其頃ハ今ノ

西洋ノ女子ノ如ク横ニ乘リタル者ナルベシ。車ニ牛ヲ附クル事モ、

此頃ヨリ始マリシガ、初ハ重キ物ヲ運送スルノミニテ、人ヲ載セタ

ルニハアラズ。後ニハ婦女ノ乘ル物トナリ、是ニ屋形ヲモ設ケシモ

ノ、如シ。サレド其初ハ猶唯婦女ノミニ限リテ男子ハ更ニ乘ラザ

リシガ次第ニ公卿ナドニモ乘車ヲ許サレシカバ遂ニハ、上下トモ

ニ、乘車スル風トハナレリ。

黛 眉墨ナリ。松烟ヲ用ヒテエガキシナリ。

釵子 今ノ花釵ノ如キ者ナリ。

ヲ一處ニ束ハテ結ビシ
ナリ・是ヲ髻ト云ヒ其紐
ヲ鬟ト云ヘリ天皇ハ大
禮アル毎ニ兩鬢ヲ作
レシ「上古ニ同ジ女子
モ初ハ鬢ヲ作ルノ定メ
ニテ禮服ヲ着セシ時ニ
ハ、金玉ヲ以テ鬢ノ根モ
トヲ飾ル是ヲ寶鬢ト云
ヘリ・後ニハ通常ノ時ハ、
髮ヲ重ネ大禮ノ時ノミ、
白キ鬢ヲ用ヒテ髮ヲ額

五

九皇輦刀

發ニ中世ト云フハ、專ヲ天智天皇ノ時ヨリ鎌倉幕府ノ起リシ時マ

デヲ云フナリ・今其頃ノ風俗ヲ示サンニ、女子ノ白粉ヲ附ケ齒ヲ染

ムル「ハ、古キ習慣ニテ後ニハ男女トモ儀式ノ時ニハ白粉ヲ附ケ

タルナリ・サレバ、舍人ノ顏ニ白粉遍カラズシテ黑質ヲ露セリナド

書キ記シ、モノサヘアリ・黛ニテ眉ヲ盡ク「モ此頃ヨリ盛ニ行ハ

レタリ・黛トハ即チ眉ヲ盡ク墨ニテ眞ノ眉毛ヲ剃リ落シテ此墨ヲ

其跡ヘ塗リテ造リ眉ヲセシナリ・女子ノ頰ニ紅ヲ附クル「男子ノ

齒ヲ染ムル「ナドモ此頃ニ行ハレ武家ノ時代トナリテモ武人ニ

テ、猶齒ヲ染メシモノアリト云フ・

男子ノ髮ハ、貴賤ニ由テ異ナリ・賤シキ輩ハ髮ヲ垂ルヽモ多カリシ

ガ、貴人ハ、是ヲ結ブヲ常トセリ・唯其結ビ樣ハ、上古ト變ハリテ頭髮

ゝ高ク上ゲテ驅ケ回レリ斯ク心ヲ盡セバ、尚過ノアラレコヲ恐レ、

車ヲ止メヨ、車ヲ止メヨト聲ヲ限ニ呼ハリタリ．

果シテ、機關手ハ、非常ノ火光ヲ認メ、聲ノ聞ユルニ、異變ヲ覺リ急

キ車ヲ止メントスレド急行ノ餘勢甚シクシテ、一時ニハ止メ得ズ、

漸ク寡婦ガ火ヲ舉ゲタル處ニ到リテ全ク停車セリ．

此時車掌、機關手乘客等皆車ヨリ下リテ其事由ヲ問フ寡婦ハ我力

ニ由テ車ヲ止メ人命ヲ救ヒ得タルヲ喜ビ、人々ヲ導キテ橋ノ落チ

タル處ニ至リ、其形狀ヲ指示シケリ、多クノ人ハ意外ノ變ニ愕キ、ソ

ゾロニ涕泣シテ再生ノ恩ヲ謝シ、乘客中ニテ直ニ若干ノ金ヲ醵集

シ、是ヲ與ヘテ謝意ヲ表シ、鐵道會社モ亦相謀リテ若干ノ金ヲ贈與

セリ．是ニ由テ母子二人ハ安樂ニ身ヲ終ヘシト云フ．

剩ヘ、其橋材ヲモ悉ク皆下流ニ押シ流セリ、サレド夜中ノコトニテ雨

サヘ劇シク降リケレバ斯ル狀ヲ知ル者ハ此寡婦母子ヲ除キテハ誰

レ一人モナカリケリ、哀レ今ニモ列車ノ驟セ來ラバ車ト與ニ乘客

ノアヲ限ハ悉ク深谷中ニ墮落シテ、一命ヲ亡フベシ、

此時寡婦ト娘トノ二人ハ、如何ニモシテ此急變ヲ告ゲ、人命ヲ救ハ

ント思ヒ百方心ヲ碎キ辛ウシテ一策ヲ胸ニ浮ベ娘ト與ニ多クノ

薪ヲ運ビ鐵道線ノ上ニ積ミ累ネテ走ニ火ヲ附ケタリ、此時列車ノ

響轟然トシテ高ク聞エ、燈光遙ニ輝キツ、其速キコ疾風ノ如ク須

臾ノ間ニ此處ニ來ルベカリキ、サレド、機關手ノ果シテ我火ノ手ヲ

認メ得テ直ニ車ヲ止メンヤ否ヤハ、豫知スベカラズ、故ニ寡婦ハ、身

ニ着ケタル衣服ヲ斷チ切リ、火ヲ點シテ竿頭ニ結ビ附ケ高ク擧ゲ

テ線路ノ上ヲ走セ回レバ、娘モ亦其所爲ニ倣ヒテ木ノ枝ニ火ヲ點

第一課　親切ノ返報

亞米利加ノ或ル山中ヲ通ジタル鐵道線ノ近傍ニ見ル影モナキ小
屋ヲ造リテ、一人ノ娘ト共ニ世ヲ送ル寡婦アリケリ。何トテ定
マレル生計モアヲネバ雞ヲ飼ヒ、或ハ木ノ實ヲ拾ヒ、是ヲ近傍ノ都
府ニ鬻キテ僅ニ糊口ヲ資トセリ。終日出デアルキテ甚ダ疲勞セシ
折ハ汽車ニ乘リテ歸ルコモアレド車掌ハ寡婦ガ最モ貧窶ニシテ、
憫然ナル狀ヲ知ルガ故ニ賃錢ヲバ取ラズシテ乘車ヲ許スコ多カ
リキ.

斯テ或ル年ノ春山上ノ積雪融解シ其水一時ニ激流トナリテ押シ
來リ、爲ニ寡婦ガ住居ノ傍ナル懸崖ニ渡シタル鐵道ノ橋ヲ破壞シ、

三

高等小學讀本卷之三

小學校教科用書

高等小學讀本

文部省編輯局

高等小學讀本

三

옮긴이 **권희주**

건국대학교 아시아콘텐츠연구소 조교수
고려대학교 일어일문학과 박사

저역서 『일본대중문화의 이해』(공저, 2015), 『근대 국어 교과서를 읽는다』(공저, 2014년 세종도서 우수학술도서), 『후쿠자와 유키치의 젠더론』(공역, 2014), 『근대 일본의 '조선 붐'』(공저, 2013) 등.

상명대학교 한일문화연구소 번역총서 03

고등소학독본 3

1판 1쇄 인쇄__2018년 07월 10일
1판 1쇄 발행__2018년 07월 20일

© 권희주, 2018

옮긴이__권희주
발행인__양정섭

발행처__도서출판 경진
　　　　등록__제2010-000004호
　　　　블로그__http://kyungjinmunhwa.tistory.com
　　　　이메일__mykorea01@naver.com

공급처__(주)글로벌콘텐츠출판그룹
　　　　대표__홍정표　편집디자인__김미미　기획·마케팅__노경민
　　　　주소__서울특별시 강동구 풍성로 87-6(성내동) 글로벌콘텐츠
　　　　전화__02-488-3280　팩스__02-488-3281
　　　　홈페이지__http://www.gcbook.co.kr

값 17,000원

ISBN 978-89-5996-577-9 94370
ISBN 978-89-5996-492-5 94370(세트)